DOROTHEA
BAUMJOHANN

Mit Quadrat-
beet,
Pflanzsack
& Co.

KISTEN
Gärtnern

Mobile Selbstversorgung step by step

blv

Was Sie in diesem Buch finden

Der Wunsch nach Selbstversorgung

Ob im Supermarkt, auf dem Wochenmarkt oder im Bioladen: Die Auslagen in den Obst- und Gemüseabteilungen sind prall gefüllt. Die Auswahl ist groß, immer und überall. Zu jeder Jahreszeit ist frisches Obst und Gemüse erhältlich. Was nicht bei uns produziert werden kann, wird importiert. Auch die Preise sind akzeptabel. Eigentlich gibt es keinen Grund, selbst etwas anzubauen. Dennoch haben zunehmend mehr, vor allem junge Menschen, Interesse an gärtnerischen Tätigkeiten. Die Gründe sind vielfältig.

Naturerleben und Kreativität

Draußen in der freien Natur zu sein, hat erwiesenermaßen eine positive Wirkung. Die Menschen bekommen den nötigen Abstand vom

✳ Mit den Händen in der Erde zu wühlen, ist für viele Menschen eine befriedigende Tätigkeit.

zumeist hektischen Alltag, finden Ruhe und können sich entspannen. Manch einem reicht der bloße Aufenthalt im Freien, bei anderen ist die Sehnsucht noch tiefer. Kreativität will ausgelebt werden, man möchte mit den eigenen Händen etwas schaffen. Etwas aussäen, beim Wachsen zusehen, pflegen, ernten und dann die ersten Radieschen, Kohlrabi und Salate verspeisen, bedeutet »Gärtnern mit allen Sinnen« und ist für viele Menschen sehr erfüllend. Selbstbestimmt und handlungsfähig zu sein, sind menschliche Grundbedürfnisse. Mit dem Anbau von Obst und Gemüse, das geerntet, zubereitet und verspeist wird, können diese Bedürfnisse befriedigt werden. Der Journalist Jakob Augstein schrieb im Mai 2012 in einem Artikel über Gartenkultur in der »Zeit«: »Der Garten ist der Ort der selbstbestimmten Arbeit, die den Menschen zum Menschen macht.« Ein beeindruckender und treffend formulierter Satz.

Gesunde Ernährung

Gesunde Ernährung ist ein Thema, das für viele Menschen eine große Bedeutung erlangt hat. Vegetarische oder vegane Ernährungsformen finden immer mehr Anhänger. Der Handel mit Bioprodukten boomt und vegane Produkte sind im Lebensmittelhandel längst keine Nischenprodukte mehr. Lebensmittelskandale, die nicht nur den Fleisch- oder Eierkonsum betreffen, sondern auch vor Obst und Gemüse nicht Halt machen, bewegen viele Menschen zu einem weiter gehenden Umdenken. Obst,

Gemüse und Kräuter werden selbst produziert, denn nur bei der eigenen Anzucht weiß man sicher, womit die Pflanzen behandelt wurden. Zudem erfüllt selbstgezogenes Gemüse viele Kriterien der Nachhaltigkeit, denn aufwändige Verpackungen und lange Transportwege fallen bei der eigenen Produktion nicht an.

Gesundes Essverhalten

Für Eltern mit kleinen Kindern spielt gesunde Ernährung eine besondere Rolle. Das Essverhalten eines Menschen wird entscheidend in den ersten Lebensjahren geprägt. Eltern haben in ihrer Vorbildfunktion großen Einfluss auf das Essverhalten ihrer Kinder.

Wirksamer als kognitives Ernährungswissen sind positive, emotionale Erlebnisse, die in Verbindung mit gesunden Nahrungsmitteln gemacht werden. Diese prägenden Situationen können durch gemeinsame Mahlzeiten, die mit Freude und Genuss eingenommen werden, erzeugt werden. Sie entstehen auch bei der Essenszubereitung und Nahrungsmittelproduktion, sprich beim Gärtnern. Beziehen Sie Ihre Kinder beim Gärtnern mit ein. Gemeinsam macht das Säen, Pflanzen und Ernten besonders viel Spaß. Älteren Kindern können Sie auch ein paar Töpfe und Kisten für eigene Anbauexperimente überlassen.

Selbstversorgung in der Stadt

Der Wunsch, Obst, Gemüse und Kräuter selbst anzubauen, macht natürlich auch vor Menschen, die in der Stadt leben, nicht halt. Muss er auch nicht, denn selbst auf einem Balkon ist es möglich, essbare Pflanzen zu ziehen. In einem kleinen Garten, auf einer Terrasse oder auf einem Balkon ist keine Vollversorgung mit Obst und Gemüse möglich, aber einen kleinen Anteil kann der eigene Anbau zur Versorgung beitragen. Mehr ist auch nicht notwendig, um die Freuden des Gärtnerns kennenzulernen. Besonders befriedigend und erfolgversprechend ist der Anbau von Kräutern, wenn nur wenig Fläche zur Verfügung steht. Von dem würzigen und aromatischen Grün werden nur kleine Mengen in der Küche benötigt. Es macht sich auch durchaus bezahlt, wenn man nicht für jede zubereitete Mahlzeit wieder einen neuen Kräutertopf kaufen muss.

✸ Eigenes Gemüse zu ernten, macht glücklich und zu Recht auch stolz.

Zeit- und Platzbedarf

Zeit und Platz sind Faktoren, die nur schwer pauschalisiert werden können, denn sie sind von verschiedenen Gegebenheiten abhängig. Nicht unbedingt viel, aber regelmäßig, wird Zeit für das Gießen benötigt. Je trockener und heißer die Witterung, desto häufiger muss gegossen werden. Kleine Töpfe trocknen schneller aus als große, und viele Pflanzen auf einer Terrasse zu gießen, erfordert mehr Zeit als ein paar Töpfe auf einem kleinen Balkon. Im Sommer müssen Sie damit rechnen, Ihre Pflanzen täglich zu gießen. In der Urlaubszeit ist es erforderlich, jemanden zum Gießen zu engagieren.

✹ Gießen erfordert nicht unbedingt viel, aber regelmäßig Zeit.

Verschiedene Beetvarianten

Möchten Sie bei nur wenig vorhandenem Platz Gemüse, Kräuter und Obst anbauen, gibt es verschiedene Möglichkeiten, in Beeten oder Gefäßen etwas zu kultivieren. Die Varianten unterscheiden sich in ihren Platzansprüchen. Der Stellplatz für ein Quadratbeet muss z. B. anders beschaffen sein als für Pflanzen in geschlossenen Gefäßen. Ein Kistenhochbeet erfordert wiederum mehr Platz als einzelne Töpfe und Kisten.

Quadratbeete
Quadratbeete bieten eine einfache Möglichkeit viele verschiedene Gemüsearten kennenzulernen. Die Voraussetzung ist, dass Sie ein kleines Stück Garten zur Verfügung haben, denn diese Beete lassen sich am besten auf gewachsenem Boden anlegen. Die Standardgröße für ein Quadratbeet ist 120 × 120 cm. Wer mehr Platz hat, kann auch mehrere Quadratbeete bepflanzen.

Kistenhochbeet
Ein Kistenhochbeet nimmt etwa die Größe einer Europalette ein. Es lässt sich ebenfalls erweitern oder in der Form abwandeln. Kistenhochbeete stehen gut auf einer Terrasse oder in einem sonnigen Innen- oder Hinterhof.

Kisten, Kübel und Töpfe
Der Gemüseanbau in Kisten, Kübeln und Töpfen lässt sich auch auf einem Balkon verwirklichen. Je nach vorhandenem Platz kann die Anzahl der Gefäße variieren. Kleine Gefäße sind leicht und können deshalb auch aufgehängt werden.

Werkzeuge und Geräte

Die gute Nachricht gleich vorweg: Um die Geräte für das Gärtnern in Kisten, Kübeln und Quadratbeeten unterzubringen, brauchen Sie keinen eigenen Geräteschuppen. Denn bis auf wenige Ausnahmen kommen nur Handgeräte mit einem kurzen Stiel zum Einsatz, die in einer Kiste oder einem Korb verstaut werden können.

Geräte für alle Beetvarianten

Für das Gärtnern in Kisten, Kübeln und Quadratbeeten brauchen Sie nur eine kleine Grundausstattung an Werkzeugen und Geräten.

Bodenvorbereitung und Pflanzen

Um ein Kistenbeet oder ein Quadratbeet pflanzfertig vorzubereiten, muss der Boden bzw. die Erde unkrautfrei, locker und feinkrümelig sein. Zum Füllen von Gefäßen wie Töpfe, Kübel und Kisten benötigen Sie lediglich eine *Handschaufel*. Sie können die Erde auch mit Ihren Händen einfüllen. Oftmals wird dabei das Tragen von *Gartenhandschuhen* als angenehm empfunden. Um den Boden in den Quadratbeeten zu lockern, benutzen Sie eine *Grabgabel*. Die aufgelockerte Erde wird dann mit einer *Harke* an einem langen oder einem kurzen Stiel feingekrümelt und geebnet.

Gießen und pflegen

Zum Gießen benötigen Sie mehrere Gießkannen mit einer abnehmbaren Brause. Aussaaten und kleine Pflänzchen werden mit der Brause gegossen, größere Pflanzen ohne den Brause-

kopf. Kunststoffkannen sind leicht und preiswert, die schöner anzusehenden Kannen aus Metall sind im Vergleich teuer und für den täglichen Einsatz oft zu schwer. Haben Sie viel zu gießen und einen Wasseranschluss in der Nähe, lohnt sich die Anschaffung eines *Schlauches mit einem Brausekopf*.

Zum Pflegen der Beete, Kisten und Töpfe brauchen Sie einen kleinen *Handgrubber*, mit dem Sie z. B. die Erde nach der ersten Ernte wieder auflockern. Eine schmale *Jätekralle* eignet sich, um in einer bepflanzten Kiste zwischen den Reihen und den Pflanzen zu hacken.

Ein wichtiges Gerät, das nicht fehlen sollte, ist eine *Gartenschere*. Hier lohnt es sich, Geld für ein hochwertiges Produkt auszugeben, das bei einem pfleglichen Umgang wirklich viele Jahre einsetzbar ist.

✿ Außer der Grabgabel sind nur Mini-Werkzeuge mit kurzem Stiel erforderlich.

Eigenes Obst und Gemüse verwerten

Haben Sie selbst im Frühjahr Obst und Gemüse angebaut, werden Sie die erste Ernte von frühen Salaten, Radieschen und Kohlrabi sehnsüchtig erwarten. Jedes frische Blättchen und jede Knolle sind nach einem langen Winter ein Hochgenuss. Der Bedarf an Gemüse ist hoch, es kann kaum so schnell nachwachsen, wie Sie es am liebsten verspeisen würden.

Später im Jahr dreht sich das Verhältnis um: Die Tage werden länger, der Boden erwärmt sich, die Temperatur steigt. Die Wachstumsbedingungen für das Gemüse sind optimal. Es wächst schneller als Sie mit der Ernte nachkommen. Selbst auf kleinen Beeten oder in Gefäßen wird manchmal ein Überschuss produziert.

Salate, Gemüsepfannen und Grüne Smoothies ermöglichen eine unkomplizierte, schmackhafte Verwertung von viel erntefrischem Gemüse.

✳ Salate können mit essbaren Blüten wie die der Kapuzinerkresse bereichert werden.

Die Rezepte sind schnell zubereitet und können flexibel abgewandelt werden.

Salate

Salate werden aus rohen Blattsalaten hergestellt, die Sie mit verschiedenen anderen Gemüsen, wie Tomaten, Gurken, Zwiebeln, mischen oder als reine Blattsalate zubereiten können. Blattsalate schmecken sehr unterschiedlich. Es gibt mild schmeckende Arten, wie Pflücksalate, sehr aromatische oder scharfe Blätter, wie Rucola und Blattsenf, oder leicht bitter schmeckende wie Endivien. Auch junge Spinat- und Mangoldblätter können in einem Salat verwendet werden – kombiniert wird nach den persönlichen Vorlieben. Außer den Gemüsen können auch Äpfel, Birnen und Orangen zugefügt werden. Runden Sie die Mischungen mit Nüssen oder Käse ab.

Ein Salat wird mit einem Dressing zubereitet, das direkt vor dem Verzehr über die Gemüsemischung geträufelt wird. Die Dressings können ganz unterschiedlich schmecken. Im Folgenden finden Sie je ein Rezept für ein kräftig-würziges und für ein aromatisch-süßes Dressing, das besonders bei der Verwendung von Obst im Salat gut schmeckt.

Kräftig-würziges Dressing

3 Esslöffel Olivenöl
3 Esslöffel dunklen Balsamicoessig
1–2 Esslöffel Wasser
Salz und Pfeffer

Alle Zutaten werden in einer kleinen Schüssel mit einem Minischneebesen oder einer Gabel aufgeschlagen und kräftig abgeschmeckt.

Aromatisch-süßes Dressing

3 Esslöffel Olivenöl
3 Esslöffel dunklen Balsamicoessig
4 Esslöffel frisch gepressten Orangensaft
1 Esslöffel flüssigen Honig
½ Teelöffel Senf
etwas Salz
Alle Zutaten werden in einer kleinen Schüssel mit einem Minischneebesen oder einer Gabel aufgeschlagen. Nur vorsichtig salzen.

Gemüsepfanne

Für jemanden, der Gemüse gern gegart isst, ist die Zubereitung einer Gemüsepfanne eine schnelle und variantenreiche Möglichkeit der Gemüseverwertung. Schneiden Sie verschiedene Gemüse, z. B. Zucchini, Kürbis, Tomaten, Paprika, Zwiebeln, Möhren und Lauch, in mundgerechte Stücke. Erhitzen Sie einen Esslöffel Rapsöl in einer großen Pfanne oder in einem Wok. Geben Sie das Gemüse nach und nach dazu, beginnen Sie mit den härtesten Gemüsen wie Möhren. Reduzieren Sie die Temperatur und decken die Pfanne zu. Das Gemüse ist nach wenigen Minuten bissfest gegart. Geben Sie etwas süße oder saure Sahne oder Schmand hinzu und würzen Sie mit Salz, Pfeffer und frischen Kräutern. Besonders lecker ist das Gericht, wenn Sie zum Schluss Schafskäse oder Mozzarellakugeln aufstreuen und den Deckel noch wenige Minuten, bis der Käse schmilzt, auflegen.

Grüne Smoothies

Grüne Smoothies sind feinpürierte, kalte Obst- und Gemüsegetränke. Sie bestehen zu etwa gleichen (Volumen-)Anteilen aus Gemüse und Obst, die mit Wasser oder Obstsaft, auch unter Zusatz von Kräutern in einem Hochleistungsmixer fein püriert werden. Das Rezept kann leicht abgewandelt und auf das gerade erntereife Gemüse abgestimmt werden. In Grünen Smoothies können z. B. auch Möhrenlaub oder Kohlrabiblätter mit verarbeitet werden. Eigenes Obst braucht nicht geschält werden, von Südfrüchten wird die Schale entfernt.

Fruchtig-scharfer Smoothie

Je eine Handvoll Spinat und Rucola
Je eine Birne und Banane
Saft einer Limette oder halben Zitrone
1,5 cm geschälte und zerkleinerte Ingwerwurzel
$3/8$ l Orangensaft

✺ In Grünen Smoothies werden Obst und Gemüse zu gleichen Teilen verarbeitet.

Gärtnern in Kistenbeeten

Die Idee des Kistengärtnerns

Die Idee des mobilen Gärtnerns in Kisten ist in großen Städten wie Berlin entstanden. Im Jahr 2009 gründeten Robert Shaw und Marco Clausen auf einer seit Jahrzehnten brachliegenden Fläche am Moritzplatz in Berlin-Kreuzberg den Prinzessinnengarten. Mitten in der Stadt wird hier in interkultureller Gemeinschaftsarbeit Gemüse und Obst angebaut.

Mobil und unabhängig

Die Gemeinschaft legt Wert darauf, mit ihrem Projekt mobil und flexibel zu bleiben, denn ein Garten in der Stadt ist oftmals nur als Zwischennutzung einer Fläche möglich. Eine brachliegende Fläche, die langfristig bebaut werden soll, kann bis zu ihrer endgültigen Nutzung als urbaner Garten genutzt werden. So kann es passieren, dass ein Garten schon einmal

✤ Mangold gedeiht prächtig in Kisten, gesehen im Prinzessinnengarten in Berlin.

umziehen muss. Die Gründer haben vor diesem Hintergrund ein transportables Beetsystem entwickelt. Gegärtnert wird im Prinzessinnengarten hauptsächlich in sogenannten Bäckerkisten. Diese Kisten bestehen aus lebensmittelechtem Kunststoff, sind leicht und jahrelang haltbar. Die Größe der Kisten ist genormt und auf eine Europalette ausgerichtet. Genau auf solchen Paletten sind die Kistenbeete auch aufgebaut und können so jederzeit, mit Hilfe eines Hubwagens, transportiert werden.
Außer den Bäckerkisten kommen auch ausgediente Jutesäcke zum Einsatz, in denen sich z. B. Kartoffeln sehr gut anbauen lassen.
Neben dem Vorteil der Mobilität spricht auch die Unabhängigkeit vom vorhandenen Boden für das Gärtnern in Kisten und anderen Gefäßen. Freie Flächen in der Stadt sind oftmals versiegelt oder mit Schadstoffen belastet. Nur mit hohem Aufwand wären sie für biologischen Gemüseanbau nutzbar. Die Kisten bilden daher eine kostengünstige Alternative.

Schulgarten in Kisten

Das pädagogische Landesinstitut in Rheinland-Pfalz unterstützt Schulen im nördlichen Rheinland-Pfalz, die gerne einen Garten anlegen möchten. Die Schulen können sich ein Modul aus 24 Kisten, die auf 3 Europaletten Platz finden, für eine Gartensaison ausleihen. Vier verleihbare Module sind im Besitz des Instituts und seit mehreren Jahren immer in Betrieb. Das Institut berät die Schulen und liefert neben den

Kisten auch schriftliche Informationen über das Anlegen der Kistenbeete. Das Projekt stößt auf großes Interesse, da es eine kostengünstige Möglichkeit bietet, einen Schulgartenbetrieb zu erproben. Das Schulgelände muss nicht extra umgestaltet werden, denn die Kistenbeete können auch auf dem asphaltierten Schulhof aufgebaut werden. Entschließt sich die Schule, das Kistenhochbeet dauerhaft zu bewirtschaften, kann es käuflich erworben werden.

Zuhause gärtnern in Kisten

Auch zuhause können Sie die Vorteile des Kistengärtnerns nutzen. In Kisten können Sie das Gärtnern ohne viel Aufwand ausprobieren. Sie brauchen lediglich einen kleinen Platz an der Sonne. Der kann im Garten sein, auf der Terrasse oder in einem Hinterhof. Sollten Sie keinen Spaß am Gemüseanbau haben oder zu wenig Zeit dafür finden, ist der Kistengarten auch schnell wieder abgebaut. Die Kisten können dann immer noch anderweitig verwendet werden.

Kisten stapeln

Bäckerkisten haben den Vorteil, dass sie gestapelt werden können und fest aufeinander stehen. So kann im Handumdrehen ein Hochbeet gebaut werden. Jeweils zwei Kisten werden übereinander gestellt. Bauen Sie die Minihochbeete auf einer Palette auf, kommen Sie bei einer Kistenhöhe von 30 cm auf eine Gesamthöhe von 75 cm. Kisten gibt es auch in anderen, auf eine Europalette abgestimmten Maßen, so dass Sie die Höhe des Beetes individuell anpassen können. Mit dem Kistenbeet können Sie alle Vorteile eines Hochbeetes nutzen.

Vorteile eines Hochbeetes

Hochbeete haben vielerlei Vorteile. Die spezielle Füllung aus geschichteten organischen Materialien wird von Bodenlebewesen zersetzt. Dadurch entstehen Wärme und Nährstoffe, die den Pflanzen kontinuierlich zur Verfügung stehen. Das Gemüse ist somit immer gut versorgt und bringt mehr Ertrag, als in einem gleich großen Beet auf dem Boden.

In einem Hochbeet können Sie im Frühjahr eher und im Herbst länger als auf einem Bodenbeet Gemüse ernten. Erhöhte Beete trocknen besser ab und erwärmen sich leichter. Im Sommer kann sich dieser Vorteil aber auch zu einem Nachteil umkehren, so dass Hochbeete häufiger gewässert werden müssen. Der größte Vorteil eines Hochbeetes aber ist, dass es sich rücken- und knieschonend in fast aufrechter Körperhaltung bearbeiten lässt. Das kommt nicht nur Senioren zugute, jeder Mensch kann davon profitieren.

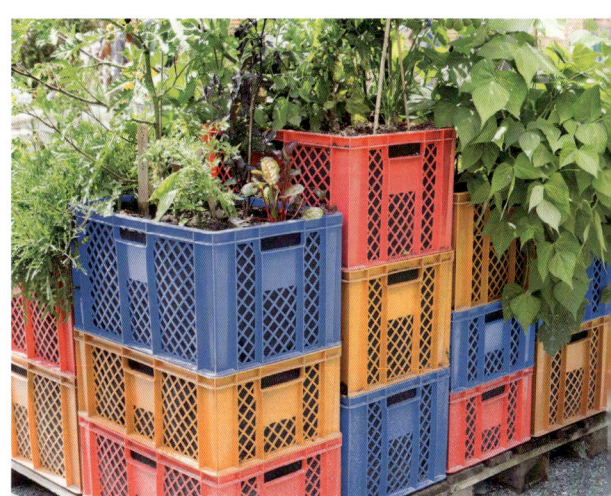

● Buntes Kistenhochbeet mit viel Gemüse, gesehen auf der Landesgartenschau Bayreuth.

Kistengärtnern – so wird's gemacht

Bevor Sie mit der Bepflanzung des Kistenhochbeetes richtig loslegen können, müssen Sie
einige Vorbereitungen treffen. Dazu gehört die
Auswahl des Standortes, die Materialbeschaf-
fung und das Füllen und Aufbauen der Kisten.

Standort

Um in den Kisten gesundes, schmackhaftes
und vitaminreiches Obst und Gemüse anzubau-
en, ist es wichtig, dass das Beet einen sonnigen
Platz bekommt. Nur in der Sonne bekommen
die Pflanzen genügend Energie, um zu wachsen und zu reifen. Vergleichen Sie einmal eine
Tomate aus dem Supermarkt, die halbgrün
gepflückt wurde, mit einer in der Sonne gereif-
ten Frucht. Sie werden einen deutlichen Unter-
schied schmecken.

Kisten beschaffen

»Eurobehälter, durchbrochen« ist die korrekte
Bezeichnung für die landläufig als Bäckerkisten
bezeichneten Behälter, aus denen das Kistenbeet aufgebaut ist. Sie bekommen die lebens-
mittelechten Kunststoffkisten in vielen Baumärkten. Während diese meistens nur schwarze
oder graue Exemplare anbieten, ist die Auswahl
im Internet größer und bunter. Bezugsquellen
finden Sie auf S. 139.
Die Größe der Kisten ist genormt. Die Maße sind
auf eine Europalette abgestimmt. Die abgebildeten Kisten haben eine Grundfläche von
40 × 60 cm. Aus optischen Gründen wurden
zwei verschiedene Höhen gewählt, nämlich
32 cm und für die oberen Kisten am rechten und
linken Rand des Beetes 22 cm. Insgesamt haben
wir acht hohe und zwei flache Kisten verbaut.

✿ Die durchbrochenen Seitenwände der Bäckerkisten
werden mit Vlies oder Pappe ausgekleidet.

✿ In der unteren Kiste wird zusätzlich der Boden mit
Zeitungspapier oder Vlies ausgelegt.

Kisten füllen und aufstellen

Ein Kistenhochbeet aufzubauen, ist nicht schwer. Grundsätzlich stehen jeweils zwei Kisten übereinander. Die obere wird bepflanzt, die untere sorgt für die rückengerechte Arbeitshöhe des Kistenbeetes, dient aber auch als Wurzelraum für tiefwurzelndes Gemüse.

Da sich der vorgesehene Platz für unser Beet nicht für einen quadratischen Aufbau auf einer Palette eignet, haben wir die Kisten nebeneinander auf zwei Dachlatten aufgestellt.

Bei der Befüllung der Kisten muss nicht das gesamte Volumen der Behälter mit hochwertiger und damit teurer Blumen- oder Gemüseerde aufgefüllt werden. Sie können bei der Befüllung vorgehen wie bei einem Hochbeet. Unten wird grobes, organisches Material eingefüllt, nach oben hin wird das Material der Schichten immer feiner und die oberste Schicht besteht aus einer hochwertigen Gemüseerde. Wie die Kisten vorbereitet werden und mit welchen Schichtmaterialien sie befüllt werden, wird im Folgenden genauer beschrieben.

Kisten vorbereiten

Da die Kistenwände durchlöchert sind, müssen sie vor der Befüllung mit einem »Rieselschutz« versehen werden. Durch diesen Schutz wird die Erde in der Kiste gehalten, überschüssiges Wasser kann aber dennoch abfließen. Dafür bieten sich verschiedene Materialien an. Sie können die Kisten z. B. mit einem dicken Vlies auskleiden oder, wie hier abgebildet, dicke Pappen innen an die Ränder stellen. Die Pappen lassen sich am besten mit Hilfe eines langen Lineals und eines scharfen Cuttermessers auf einer Schneidematte zuschneiden. Die Böden der unteren Kisten werden zusätzlich mit mehreren Lagen Zeitungspapier ausgelegt. Der Boden der oberen Kiste bleibt frei.

Übrigens: Sie benötigen eine große Menge Pappe, mehr als üblicherweise in einem Haushalt anfällt. Halten Sie darum vor der nächsten

✻ Die untere Kiste wird zur Hälfte mit groben, organischen Materialien, wie gehäckseltes Holz oder dünne Zweige gefüllt.

✻ Die untere Kiste wird randvoll mit halbfertigem Kompost aufgefüllt.

Altpapierabfuhr die Augen auf und bitten Sie gegebenenfalls auch Ihre Nachbarn oder in Geschäften um leere Kartons.

Die unteren Kisten füllen

Bei der Verrottung von großen Mengen organischer Substanz entsteht in den gröberen, unteren Schichten Wärme, die für das Pflanzenwachstum förderlich ist. Im Frühjahr kann daher eher als in einem Grundbeet mit der Bepflanzung begonnen werden, im kühler werdenden Herbst stellen die Pflanzen ihr Wachstum später ein. Zudem setzen die bei der Verrottung tätigen Bodenlebewesen langsam und stetig Nährstoffe frei, die die Pflanzen wiederum aufnehmen können. Sie kommen daher im Laufe der Vegetationsperiode mit wenig zusätzlichem Dünger aus. Diese Vorteile können Sie sich auch in einem Kistenhochbeet zunutze machen.

Beginnen Sie unten mit einer Lage Holzschnitt. Das können mit einer Gartenschere zerkleinerte Äste und Zweige vom winterlichen Strauchschnitt sein oder, wie auf den Bildern zu sehen ist, gehäckseltes Holz. Befüllen Sie die untere Kiste etwa zur Hälfte mit diesem groben Material. Auf das grobe Holz kommt eine Lage halb fertiger Kompost. Haben Sie selbst keinen oder zu wenig Kompost zur Verfügung, können Sie ihn von gemeindeeigenen Grünschnittsammelstellen in der Regel kostenlos bekommen. Drücken Sie die Komposterde gut an und füllen Sie noch einmal nach. Die Kiste muss unbedingt randvoll gefüllt sein.

Die oberen Kisten füllen

Die oberen Kisten kleiden Sie an den Rändern ebenfalls mit Pappe oder Vlies aus. Stellen Sie die Kisten auf die unteren, fertig gefüllten Behälter. Füllen Sie nun auch hier etwas von dem halbfertigen Kompost ein. Lassen Sie den Kompost durch den Gitterboden rieseln und drücken Sie mit den Händen etwas nach. Zwischen den Kisten darf keine Lücke entstehen,

✿ Die randvollen, unteren Kisten werden an ihrem endgültigen Platz auf einer Palette oder auf Dachlatten aufgestellt.

✿ Die obere Kiste wird unten ebenfalls mit Kompost gefüllt, der direkt an das Substrat der unteren Kiste anschließen soll.

damit die Pflanzenwurzeln ungehindert in die unteren Kisten einwurzeln können. Befüllen Sie die oberen Kisten zu einem Drittel mit Komposterde. Als letzte Schicht füllen Sie die Kisten bis knapp unter den Rand mit einer guten, torffreien Universal- oder Gemüseerde. Streichen Sie die Erde glatt.

Zum Schluss wird das Kistenhochbeet gründlich durchdringend gewässert. Gießen Sie, bis das Wasser unten aus den Kisten heraustropft.

Materialmengen

Vor dem Befüllen der Kisten überschlagen Sie grob, wie viel Erde, Kompost und Holzhäcksel Sie benötigen. Die abgebildeten hohen Kisten haben ein Volumen von ca. 70 l. Die flacheren Kisten fassen etwa 50 l. Für die fünf unteren großen Kisten benötigen Sie 175 l grobe Holzhäcksel und ebenso viel halbfertigen Kompost. Für die oberen Kisten benötigen Sie noch einmal 100 l Komposterde und schließlich 210 l Gemüse- oder Universalerde.

So geht es auch

Wenn Sie das Kistenbeet wie beschrieben vorbereiten, haben Sie das Optimum für das Wachstum der Pflanzen geleistet. Sollte Ihnen die Art der Befüllung zu lange dauern, zu aufwändig oder aus anderen Gründen nicht machbar sein, geht es auch einfacher: Lassen Sie die untere Kiste einfach leer, kleiden Sie die obere einschließlich des Bodens mit Vlies aus und füllen Sie sie komplett mit Gemüseerde. Zwar verzichten sie so auf die Vorzüge eines Hochbeetes, geben mehr Geld für Erde aus und müssen mehr gießen, haben aber den Vorteil, dass alle Materialien einfach zu beschaffen sind und Ihr Kistenbeet in kürzester Zeit pflanzfertig ist.

● Die oberen ²/₃ der oberen Kisten werden mit einer torffreien Universal- oder Gemüseerde gefüllt.

● Vor der Bepflanzung wird das fertig gefüllte Kistenhochbeet durchdringend gewässert.

Kistenbepflanzung planen

Wenn es im Frühjahr mit der Bepflanzung des Kistenhochbeetes losgeht, ist es gut, einen Plan zur Hand zu haben. Mit einem Plan können Sie gezielt Jungpflanzen vorziehen oder einkaufen und das richtige Saatgut besorgen. Die Planung kann schon in den Wintermonaten laufen.

die wichtigsten Informationen zusammengefasst dargestellt werden. Hilfreich ist auch ein Kistenmodell: Stellen Sie sich eine Originalkiste neben den Schreibtisch oder bauen Sie mit einem Zollstock die Kistengröße nach. Sie bekommen mit Hilfe des Modells eine bessere Vorstellung von dem Platzangebot in der Kiste.

Planungshilfen

Für die Bepflanzungsplanung sind Saatgut- und Pflanzenkataloge verschiedener Firmen eine große Hilfe. Die neuen Kataloge erscheinen meistens schon im Januar. Sie können sie im Internet anschauen oder auch als Printausgabe bestellen. Neben den Katalogen sind Gartenbücher und Gartenzeitschriften bei der Planung nützlich. In diesem, wie auch in anderen Büchern, finden Sie im Anhang Listen, in denen

Planungskriterien

Bei der Bepflanzungsplanung spielen verschiedene Kriterien eine Rolle. Zunächst muss der begrenzte Platz in den Kisten bedacht werden. Daneben ist die Verweildauer der Pflanzen im Beet zu beachten sowie die Anforderungen an Fruchtfolge und Mischkultur. Anfangs mag das Beachten aller Kriterien etwas schwierig sein. Es bedeutet aber nicht, dass die Ernte komplett

✳ Bei der Bepflanzungsplanung sind Saagutkataloge sehr inspirierend.

✳ Mit einer Mischkultur wird der Platz in der Kiste optimal ausgenutzt.

ausfällt, wenn Sie nicht alle Kriterien berücksichtigen. Es lohnt sich aber, sich damit auseinanderzusetzen, wenn Sie gesundes und vitaminreiches Obst und Gemüse ernten wollen. Sicher werden Sie mit der Zeit Routine entwickeln.

Platzbedarf

Machen Sie sich bei der Bepflanzungsplanung klar, dass der Platz in den Kisten begrenzt ist. Möchten Sie viel frisches Gemüse ernten, entscheiden Sie sich für schnellwachsende Arten, wie Salate, Spinat, Radieschen, Frühmöhren, Erbsen und Bohnen. Kopfkohl, Kartoffeln und Kürbis wachsen zwar auch in der Kiste, nehmen aber über einen langen Zeitraum viel Platz ein.

Mischkultur

In den Kisten können Sie verschiedene Gemüsearten miteinander kombinieren. Mit einer durchdachten Mischkultur macht man sich zunutze, dass sich verschiedene Pflanzen, z. B. durch ihre Wuchsformen, gut ergänzen. Der Platz in der Kiste wird so optimal ausgenutzt. Ein weiterer Vorteil besteht darin, dass sich Pflanzenkrankheiten und Schädlinge, die oftmals nur innerhalb einer Pflanzenfamilie »ansteckend« sind, nicht ausbreiten können. Der Schaden wird so auf wenige Pflanzen begrenzt. In einer Mischkultur wird auch berücksichtigt, dass Pflanzen sich über Wurzelausscheidungen und Düfte gegenseitig beeinflussen. Schadinsekten werden durch Gerüche abgewehrt und Nützlinge, die z. B. Blattläuse in Schach halten, werden angelockt.
Im Anhang ab S. 134 können Sie ablesen, welche Pflanzen besonders gut zusammenpassen und von welchen Kombinationen Sie besser die Finger lassen.

Fruchtfolge

Die Fruchtfolge beachten bedeutet, dass Gemüsearten, die zur selben Pflanzenfamilie gehören, nicht nacheinander in der selben Kiste bzw. der gleichen Erde angebaut werden sollen. Die Fruchtfolge ist wichtig für die Pflanzengesundheit, denn Schädlinge und Krankheitserreger reichern sich im Boden an. Und wie schon gesagt, sie befallen gern ein und dieselbe Pflanzenfamilie, sodass neben dem räumlichen Abstand der Familienmitglieder auch ein zeitlicher Abstand von Vorteil ist. Im Anhang ab S. 134 finden Sie eine Zuordnung der verschiedenen Gemüse, Kräuter und Obstpflanzen zu den Pflanzenfamilien.

● Die Frühjahrsbepflanzung der Kiste erfolgt nach den Regeln der Mischkultur.

Kistenbepflanzung im Frühjahr

Im zeitigen Frühjahr geht es los: Einige Gemüsearten vertragen tiefe Temperaturen und werden Anfang April ausgesät oder gepflanzt, andere Kulturen sind wärmebedürftiger und können erst ab Mitte Mai ausgepflanzt werden.

Bepflanzungsbeispiele

In der Tabelle auf der rechten Seite sind die Gemüsearten aufgeführt, die im Frühjahr in die Kiste kommen. Sie können z. B. folgende Gemüsearten miteinander kombinieren:

Kiste 1

Kiste 1 teilen sich 3 Kohlrabis mit 3 Pflücksalaten. In der Mitte wird eine Reihe Radieschen gesät. Diese Gemüse können ab Anfang April nach draußen. Salat- und Kohlrabijung-pflanzen können Sie selbst vorziehen oder zukaufen.

Kiste 2

Am rechten und linken Rand der Kiste werden Anfang April Frühmöhren ausgesät. Die Sorte 'Flyaway' ist widerstandsfähig gegen die Maden der Möhrenfliege. In der Mitte der Kiste ist noch Platz für eine Reihe Steckzwiebeln.

Kiste 3

Kiste 3 wird Anfang April mit je einer Reihe Babyleaf-Mangold und dem rotstieligen Spinat 'Red Cardinal' bestückt. In die Mitte der Kiste wird Mitte Mai eine vorgezogene Balkontomate und eine Snackpaprika gesetzt.

Kisten 4 und 5

Kiste 4 und 5 werden mit Kräutern bepflanzt (siehe S. 24/25).

⚜ Kopf- und Pflücksalat wird hoch gepflanzt, damit die unteren Blätter nicht faulen.

⚜ Der schnellwüchsige Rucolasalat wird direkt in der Kiste ausgesät.

Pflanz- und Saattermine von Gemüsekulturen*

* Platzbedarf gilt für eine 40 × 60 cm große Kiste, bei Pflanzung einer Gemüseart.
Für Mischkulturen ist der Abstand entsprechend anzupassen.

Gemüseart	Pflanzung oder Aussaat	Pflanz- bzw. Aussaattermin	Längsreihen in der Kiste	Anzahl der Pflanzen
Asia-Salate	Aussaat	Anfang April	2	50
Buschbohnen	Aussaat	Mitte Mai	2	20
Erbsen	Aussaat	Anfang April	2 Doppelreihen	50
Fenchel	Pflanzung	Mitte Mai	2	6
Frühmöhren	Aussaat	Anfang April	3	75
Kohlrabi	Pflanzung	Anfang April	2	6
Kopf- und Pflücksalate	Pflanzung	Anfang April	2	6
Mangold, ggf. Babyleaf	Aussaat	Anfang April	3	40
Radieschen	Aussaat	Anfang April	3	40
Rote Bete	Pflanzung	Anfang April	2	8
Rucola	Aussaat	Anfang April	3	45
Snackpaprika	Pflanzung	Mitte Mai	1	2
Spinat	Aussaat	Anfang April	3	45
Steckzwiebeln	Pflanzung	Anfang April	3	30
Tomaten	Pflanzung	Mitte Mai	1	2

✺ Mit Saatbändern haben Sie bei der Aussaat gleich den richtigen Pflanzenabstand.

✺ Mitte Mai, nach den Eisheiligen, ist die Frühjahrs-bepflanzung der Kisten abgeschlossen.

Kistenbepflanzung mit Kräutern

Die zwei etwas flacheren Kisten in dem Hochbeet werden mit Kräutern bepflanzt. Kräuterpflanzen sind nicht nur in der Küche eine Bereicherung. Auch im Kistenhochbeet sind sie ein Blickfang, denn Kräuter beleben die Bepflanzung mit bunten Blüten. Sie locken Insekten für die Bestäubung von Obst- und Gemüsepflanzen an und sorgen mit ihren aromatischen, intensiven Düften für einen entspannenden Aufenthalt im Garten oder auf der Terrasse. Viele der Kräuterpflanzen sind mehrjährig, sodass die Kräuterkisten dauerhaft bepflanzt bleiben. Da Kräuter unterschiedliche Ansprüche an Pflanzerde, Nährstoff- und Wasserversorgung stellen, werden sie in zwei getrennte Kisten gesetzt. Die erste Kiste beherbergt typische Küchenkräuter, in der zweiten Kiste ist Platz für wärmeliebende, mediterrane Kräuter.

✳ Küchenkräuter werden in nährstoffreiche Gemüseerde gepflanzt.

Kräuterkisten mit Erde füllen

Die Kisten, die unter den Kräuterpflanzkisten stehen, werden genauso gefüllt wie die Kisten, die unter den Gemüsepflanzen stehen. Auch die Pflanzkistenfüllung für die Küchenkräuter entspricht der Füllung der Gemüsekisten. Genau wie das Gemüse, benötigen die Küchenkräuter eine nahrhafte, ausreichend feuchte Erde. Nähere Informationen über die Füllung lesen Sie auf den S. 16–19.

Die Ansprüche der mediterranen Kräuter weichen dagegen ab. Sie gedeihen besser in einer nährstoffarmen, leichten und kalkhaltigen Erde. Außerdem ist ihr Wasserbedarf im Vergleich zu den Küchenkräutern geringer. Statt der Universal- oder Gemüseerde, die in den Gemüsekisten verwendet wird, greifen Sie besser auf eine spezielle Kräutererde zurück. Zwar wachsen mediterrane Kräuter auch in nährstoffreicheren Erden, sie werden dann allerdings mastig und weichtriebig und enthalten weniger ätherische Öle als Kräuter, die in einem mageren Substrat wachsen.

Küchenkräuter pflanzen

Zu den typischen Küchenkräutern, die in der nährstoffreichen Kiste Platz finden, gehören Petersilie, Schnittlauch und Dill. Auch das wärmeliebende Basilikum braucht viel Wasser und Nährstoffe und wird zu den Küchenkräutern gesetzt. Schließlich wird auch der Kerbel in der Küchenkräuterkiste ausgesät.

Küchenkräuter können Sie selbst ab Mitte März auf der Fensterbank vorziehen. Näheres zur eigenen Pflanzenanzucht finden Sie ab S. 91. Ab Mitte April ziehen Schnittlauch, Petersilie und Dill ins Kistenbeet um, Kerbel wird direkt in der Kiste ausgesät. Das wärmebedürftige Basilikum darf frühestens ab Mitte Mai in das Kistenbeet gepflanzt werden. Dill und Kerbel sind einjährige Pflanzen. Auch Basilikum übersteht den Winter nicht. Die zweijährige Petersilie ist zwar frosthart und treibt im Frühjahr wieder aus, beginnt aber dann zu blühen und nach der Blüte abzusterben. Säen Sie diese Kräuter im Frühjahr neu aus. Der Schnittlauch dagegen ist eine Staude. Er treibt jedes Jahr neu aus und kann über längere Zeit im Kistenbeet bleiben.

Mediterrane Kräuter pflanzen

Zu den mediterranen Kräutern zählen Salbei, Rosmarin, Lavendel, Oregano, Bergbohnenkraut und der Thymian. Sie gehören allesamt zu den immergrünen Halbsträuchern, die im unteren Bereich verholzen. Die Pflanzen sind mehrjährig und können durch Kopfstecklinge vermehrt werden. Näheres zur Stecklingsvermehrung finden Sie auf den S. 104/105. Wollen Sie Kräuter setzen, von denen Sie noch im gleichen Jahr ernten möchten, ist es besser, diese als fertige Pflanzen zu kaufen. In Standardsorten bekommen Sie diese in jedem Baumarkt oder Gartencenter. Eine große Auswahl an Sorten und Spezialitäten haben Sie jedoch nur in speziellen Kräutergärtnereien (Bezugsquellen ab S. 138). In die 30 × 40 cm große Kiste sind ein Salbei, ein Rosmarin, ein Oregano und zwei über den Rand wachsende Thymianpflanzen gesetzt wor-

den. Der recht starkwüchsige Salbei muss über den Sommer mehrmals zurückgeschnitten werden, damit er die anderen Pflanzen nicht überwuchert. Da er gut schnittverträglich ist, ist das kein Problem. Dennoch wird er im nächsten Frühjahr in einen großen Topf umziehen, damit die anderen Pflanzen mehr Platz haben.

Ungeeignete Kräuter

Einige Kräuter neigen zum Wuchern oder werden so groß, dass sie besser nicht in die Kiste gesetzt werden. Zu den Wucherern gehören alle Arten der Minze und die Zitronenmelisse. Setzen Sie diese beliebten Teekräuter besser separat in große Töpfe.
Liebstöckel und der ebenso dekorative Bronzefenchel werden zu groß im Kistenbeet. Diese Pflanzen stehen ebenfalls besser im Garten oder in einem großen Pflanzkübel.

✿ Mediterrane Kräuter sind Hungerkünstler und benötigen eine spezielle Kräutererde.

Den Kistengarten pflegen

Ab Mitte bis Ende Mai ist das Kistenhochbeet komplett bepflanzt. Haben Sie eine mit Dünger angereicherte Erde verwendet, sind die Gemüse und Kräuter in den ersten Wochen gut mit Nährstoffen versorgt. Was an Pflegeaufwand bleibt, ist das Gießen, denn mit Wasser kann man die Kisten höchsten für einige Tage bevorraten.

Gießen

Ohne Wasser ist kein Leben möglich, auch nicht das der Pflanzen. Sie brauchen Wasser als Lösungs- und Transportmittel für Nährstoffe, mit Wasser wird der Innendruck der Pflanzenzellen und somit die Stabilität der Pflanzen aufrecht erhalten und sie brauchen es, um sich durch Verdunstung an heißen Sommertagen etwas abzukühlen.

Regenwasser oder Leitungswasser?

Das Kistenhochbeet kann sowohl mit Leitungswasser als auch mit Regenwasser gegossen werden. Regenwasser hat Vorteile, denn aufgrund des geringeren Kalk- und Salzgehalts ist es pflanzenverträglicher. Außerdem ist es kostenlos zu haben, muss aber gesammelt werden. Für die Bewässerung einer kleinen Fläche reicht eine Regentonne aus dem Baumarkt völlig aus. Sie muss nur an ein Regenwasser-Fallrohr, z. B. von einer Garage, angeschlossen werden.

Die richtige Wassermenge

Es ist besser, alle paar Tage viel Wasser auszubringen als täglich ein bisschen. Befeuchten Sie nur die Bodenoberfläche, verdunstet das Wasser, ohne an die Wurzeln zu gelangen. Um eine Kiste so zu bewässern, dass das Wasser bis zum Kistenboden durchdringt, benötigen

✱ Gießen Sie so viel, dass die obere Kiste bis zum Boden durchfeuchtet ist.

✱ Statt flüssig zu düngen, können Sie auch festen organischen Dünger in die Erde einarbeiten.

Sie 7 bis 8 l Wasser. Bringen Sie diese Wassermenge langsam aus, damit die Erde das Wasser aufnehmen kann. Nach so einer gründlichen Bewässerung hat das Beet einen Wasservorrat, der einige Tage ausreicht.

Düngen

Haben Sie für das Kistenhochbeet eine aufgedüngte Erde verwendet, brauchen Sie erst nach 6 bis 8 Wochen wieder an das Düngen denken. Für nährstoffbedürftige Kulturen geben Sie einmal pro Woche einen Flüssigdünger mit in das Gießwasser. Sparen Sie beim Düngen aber die Kiste mit den mediterranen Kräutern aus.

Weitere Pflegemaßnahmen

Wird es zu eng im Kistengarten, sollten manche Pflanzen etwas zurückgeschnitten werden. Kohl-

rabi verträgt es, wenn Sie die unteren Blätter entfernen. Auch von der Balkontomate können im Sommer die unteren Blätter abgeschnitten werden.

Einige ausgesäte Gemüsearten müssen ausgedünnt werden, da sie häufig zu dicht in der Reihe stehen. Bei Radieschen und Möhren ist das meistens der Fall. Ziehen Sie die kleinsten Pflänzchen heraus, die kräftigen bleiben in einem Abstand von etwa 2 cm stehen. Die herausgezogen Sämlinge sind essbar. Spülen Sie anhaftende Erde mit Wasser ab und hacken Sie die Pflanzen wie Kräuter auf einem Holzbrett klein. Sie schmecken im Salat oder auf einem mit Butter bestrichenen Brot.

✴ Möhren laufen in der Regel zu dicht auf und müssen ausgedünnt werden.

✴ Der Stab für die nur 80 cm hohe Tomate wird durch das Gitter bis in die untere Kiste gesteckt.

Ernten und nachpflanzen

6 Wochen nach der Bepflanzung ist es soweit: Das erste Gemüse kann geerntet werden. Sobald die Kisten abgeerntet sind, kann noch einmal nachgepflanzt werden.

Ernten

Die Erntezeit in den Kisten geht über einen größeren Zeitraum. Nicht alles ist gleichzeitig fertig. So ist es auch gewollt, denn Gemüse, das etwas größer wird, kann sich noch ausbreiten, wenn die ersten, schnellwachsenden Radieschen und Salate das Feld räumen.

Kiste 1

In Kiste 1 stehen Kohlrabi, Pflücksalat und Radieschen. Bei den Radieschen beginnt Mitte Mai die Ernte. Nach und nach werden die größten Exemplare herausgezogen. Nach etwa 10 Tagen sind sie komplett abgeerntet. Auch vom Pflücksalat können Sie schon laufend die äußeren Blätter ernten. Die Salate wachsen so noch eine ganze Weile nach. Zuletzt ist der Kohlrabi reif. Etwa Anfang Juni ist die Kiste abgeerntet.

Kiste 2

In dieser Kiste wachsen Möhren und Zwiebeln. Beide Gemüsekulturen brauchen etwa bis Anfang Juli, bis sie erntefertig sind. Stehen die Möhren zwischenzeitlich noch sehr eng, ziehen Sie hin und wieder ein paar Exemplare heraus. So haben Sie schon Kostproben und die anderen Möhren bekommen mehr Platz.

Kiste 3

Wenn Mitte Mai die Balkontomate und die Snackpaprika in die Kiste gepflanzt werden,

❋ Ausgezupfte Möhrensämlinge werden kleingeschnitten über einen Salat gestreut.

❋ 8 Wochen nach der Pflanzung sind die Kohlrabiknollen erntereif.

beginnt bei Spinat und Mangold die Ernte. Junge Blätter beider Arten schmecken sehr gut im Salat und können mit dem Pflücksalat aus Kiste 1 gemischt werden. Werden die Blätter später zu groß, werden Sie komplett abgeerntet und als Spinat zubereitet.

Nachpflanzen

Sobald eine Kiste komplett abgeerntet ist, bereiten Sie die Erde etwas auf und pflanzen oder säen nach. Mit den Händen oder mit einem Handgrubber wird die Erde zunächst aufgelockert. Streuen Sie etwas Dünger, z. B. Hornspäne oder besser noch einen organischen Volldünger, auf und mischen Sie ihn unter die Erde. Eventuell muss noch etwas Erde nachgefüllt werden.

Kiste 1

In dieser Kiste haben Gemüse aus der Familie der Kreuzblütler gestanden (Kohlrabi und Ra-

dieschen) und ein Vertreter der Korbblütler (Pflücksalat). Eine passende Nachkultur ist Rote Bete aus der Familie der Gänsefußgewächse. 8 vorgezogene Pflanzen werden nachgepflanzt. In dieser Kiste wäre es auch möglich, Buschbohnen aus der Familie der Hülsenfrüchtler zu säen. Zu den Buschbohnen passt einjähriges Bohnenkraut.

Kiste 2

Auf die Möhren, Familie der Doldengewächse, und Zwiebeln, Familie der Zwiebelgewächse, folgen rasch wachsende Gemüse aus der Familie der Kreuzblütler: Säen Sie z. B. eine Reihe Rucola und eine Reihe Asia-Salat. Nach der Ernte dieser Salate kann noch ein Satz Feldsalat erfolgen, der zu den Baldriangewächsen gehört.

Kiste 3

In dieser Kiste wird zunächst nichts nachgepflanzt. Die Balkontomate und die Snackpaprika brauchen den Platz bis etwa Ende September.

✳ Anfang Juni werden vorgezogene Rote-Bete-Jungpflanzen nachgepflanzt.

✳ Tomaten und Paprika bleiben bis Ende September in der Kiste.

Der Kistengarten im Herbst

Mit Einzug des Herbstes sind auch die im Sommer gepflanzten und gesäten Gemüse abgeerntet. Wer jetzt noch einmal nachlegen möchte, muss vorgesorgt haben, denn im Gartencenter gibt es keine Jungpflanzen mehr zu kaufen. Dennoch gibt es Möglichkeiten, das Kistenbeet noch einmal zu bepflanzen.

tens gesät oder gepflanzt sein sollten. Sind die Kisten zu diesem Zeitpunkt noch nicht frei, können Sie die Pflanzkulturen bis zur endgültigen Pflanzung in die Kiste in einen Topf setzen. Feldsalat und Winterportulak können Sie über Winter in den Kisten lassen. Sie wachsen im Frühjahr weiter. Den Asia-Salat und den Rucola sollten sie spätesten Ende November abernten.

Wintergemüse pflanzen

Einige Gemüsearten wachsen so schnell oder sind so kältetolerant, dass sie auch noch spät im Jahr gepflanzt oder ausgesät werden können. Grünkohl, Kohlrabi und Endivien werden als Jungpflanzen gesetzt, Asia-Salat, Rucola, Feldsalat und Winterportulak können noch ausgesät werden. In der folgenden Tabelle können Sie ablesen, wann diese Gemüsearten spätes-

Gemüse	spätester Pflanz-/Saattermin
Endivien	Mitte August pflanzen
Grünkohl	Anfang August pflanzen
Kohlrabi	Anfang August pflanzen
Asia-Salat	Mitte September säen
Rucola	Mitte September säen
Feldsalat	Ende September säen
Winterportulak	Anfang Oktober säen

❋ Rote Bete beim Ernten möglichst nicht verletzen, sie »blutet« sonst beim Kochen aus.

❋ Grünkohl ist frostverträglich und kann bis weit in den Winter in der Kiste bleiben.

Kiste 1

Die Rote Bete in dieser Kiste werden etwa Ende September das Feld räumen. Haben Sie Endivien in einem Topf vorkultiviert, können diese jetzt gepflanzt werden. Setzen Sie 4 bis 6 Pflanzen in die Kiste.

Kiste 2

Diese Kiste wird etwa Anfang September freigeräumt werden. Ein guter Zeitpunkt, um am rechten und linken Rand der Kiste Feldsalat zu säen. In der Mitte ist noch Platz für eine Reihe Winterportulak.

Kiste 3

Die Balkontomate und die Paprika werden etwa Ende September aus der Kiste entfernt. Sie können hier z.B. Grünkohl pflanzen, der aber schon in einem Topf vorgezogen sein sollte. In der Kiste haben 4 Pflanzen Platz. Grünkohl wird frühestens nach dem ersten Frost geerntet, dann schmeckt er am besten.

Kräuter abdecken

In der Küchenkräuterkiste stehen im Spätherbst noch Schnittlauch und Petersilie, Dill und Kerbel sind abgeerntet. Die mediterranen Kräuter überwintern sicherer, wenn sie im Winter etwas geschützt werden. Schneiden Sie den Salbei noch einmal zurück und bedecken Sie die Kiste mit Laub und Reisig.

Kisten nach der letzten Ernte

Nach der letzten Ernte bleiben die Kisten bis zum nächsten Frühjahr stehen. Erst dann werden sie für die kommende Saison aufbereitet. Füllen Sie mit dem restlichen Substrat aus den oberen Kisten die zusammengesackte Erde in den unteren Kisten wieder auf. In die oberen Kisten kommt frische Erde. So gibt es keine Nachbauprobleme und Sie können pflanzen ohne zu beachten, was zuvor in der Kiste stand.

❋ Die mit Laub geschützten Kräuter müssen an frostfreien Tagen gegossen werden.

❋ Bei der Räumung der Kisten sieht man, dass die Wurzeln bis in die untere Kiste reichen.

Kistengärtnern für Senioren

Zugegeben, auf den ersten Blick entspricht ein Kistenhochbeet nicht dem Schönheitsideal eines Gartens, mit dem die ältere Generation groß geworden ist. Plastik ist kein natürliches Material. Die Kisten wirken für viele auf den ersten Blick unästhetisch und fehl am Platz. Aber das ist Geschmacksache und eine Sache der Gewöhnung. Das Kistenhochbeet überzeugt durch seine hohe Funktionalität. Die Kisten sind lebensmittelecht, haben eine lange Lebensdauer und können leicht umfunktioniert werden.

Gründe für ein Kistenhochbeet

Wer ein Leben lang gegärtnert hat, weiß, wie wohltuend und entspannend der Aufenthalt an der frischen Luft sein kann. Die Gartenarbeit hat meistens Spaß gemacht. Sie hatten immer Obst, Gemüse und Kräuter frisch zur Verfügung und möchten auch im Alter nicht darauf verzichten. Doch der Rücken und die Knie schmerzen beim Bücken. Die körperliche Arbeit fällt zunehmend schwerer. Außerdem ist die Familie kleiner geworden. Es wird nicht nicht mehr so viel Gemüse benötigt wie früher. Die großen Beete im Gemüsegarten sind in dieser Lebensphase überdimensioniert. Der Garten müsste umgestaltet werden. Hochbeete sind eine gute Alternative. Mit den mobilen Kistenhochbeeten können Sie einen Probelauf machen. Sie können testen, ob Ihnen das Hochbeetgärtnern gefällt,

✸ Zum Gießen des Kistenhochbeetes reicht auch eine kleine Gießkanne.

✸ Petersilie wächst im schneckenfreien Kistenbeet besser als im Garten.

wo die Beete gut stehen und wie viel Beetfläche Sie benötigen. Mit den Kistenhochbeeten sind Sie flexibel. Später können Sie an der richtigen Stelle ein festes Hochbeet aufstellen. Möglicherweise sind Sie mit dem Kistenhochbeet aber auch so zufrieden, dass Sie dabei bleiben.

Der richtige Standort

In erster Linie ist es wichtig, dass das Kistenhochbeet einen sonnigen Platz bekommt, damit Obst, Gemüse und Kräuter gut wachsen können. Zweitwichtigstes Kriterium ist, dass der Weg in die Küche kurz sein sollte. Stehen Kräuter im Hochbeet, sind diese beim Kochen schnell hereingeholt. Steht das Beet im Garten, planen Sie dorthin möglichst einen festen, gepflasterten Weg. So können Sie die Kisten auch bei Nässe sauberen Fußes erreichen.

Wenn die Gegebenheiten es zulassen, ist es erholsam, einen Sitzplatz in der Nähe des Hochbeetes zu haben. Es macht Spaß, das Beet

zu beobachten. Neben den Pflanzen kann man hier auch Insekten und Vögel beobachten und den Duft der Kräuter genießen.

Die richtige Größe

Je nachdem, was Sie anbauen und wie intensiv Sie sich mit dem Kistengärtnern befassen, können mehr oder weniger Kisten sinnvoll sein. Vielleicht beginnen Sie mit einer Europalette für 8 Kisten, von denen 4 bepflanzt werden. In der nächsten Saison können Sie die Größe Ihres Kistengartens anpassen.

✻ Ein wenig organischer Dünger garantiert den Rote-Bete-Pflanzen einen guten Start im Kistenbeet.

✻ Im Hochbeet können Balkontomaten angebaut werden. Sie werden nur etwa 80 cm hoch.

Kistengärtnern mit Kindern

Kinder lassen sich leicht für das Gärtnern begeistern – vor allen Dingen dann, wenn sie merken, dass ihre Eltern Spaß und Freude daran haben. Für kleine Kinder sind Eltern die größten Vorbilder. Kinder beobachten genau und lernen viel durch Nachahmung. Beziehen Sie Ihre Kinder beim Pflanzen, Pflegen und bei den Erntearbeiten am Kistenbeet mit ein. Nehmen Sie sich Zeit, machen Sie Ihre Kinder auf Entwicklungen im Beet aufmerksam und beantworten Sie Fragen. Für Kinder sind das schöne und positive Erfahrungen, die sie ein Leben lang in Erinnerung behalten werden.

Lassen Sie die Kinder ihre eigene Wertschätzung für das selbstgezogene Gemüse spüren, dann ist die Wahrscheinlichkeit hoch, dass auch Ihre Kinder das Gemüse schätzen lernen. Die Bereitschaft, Gemüse zu essen, wird dabei sicherlich zunehmen.

Pflanzen für alle Sinne

Kinder erleben die Natur mit allen Sinnen. Sie beobachten, was im Beet passiert, sie riechen an den Pflanzen, berühren sie und möchten sie natürlich auch schmecken. Mit einem Kistenhochbeet bietet sich die Gelegenheit, all diese Bedürfnisse zu befriedigen. Dabei ist es gar nicht notwendig, die Bepflanzung besonders kindgerecht zu gestalten. Eine bunte Mischung aus Gemüse, Obst und Kräutern bietet alles, was die Sinne brauchen: Blühende Pflanzen locken Insekten und Vögel an, die die Kinder gerne beobachten. Selbst das Hören wird durch das Summen der Insekten und Zwitschern der Vögel geschult. Kräuter liefern vielfältige Düfte für die Nase und alles Essbare bringt Anregung für den Geschmackssinn mit sich.

Der Tastsinn wird beim Gärtnern von selbst angeregt: beim Pflanzen, beim Säen, beim Gie-

✳ Schulkinder möchten eine eigene Kiste und können diese auch selbst bepflanzen.

✳ Die kleinen Walderdbeeren tragen bis zum Frost. Sie sind ideale Naschfrüchte.

ßen und beim Ernten werden die unterschiedlichsten Dinge, vom kleinen Samenkorn über krümelige Erde bis zur großen Gießkanne, angefasst. Anregend wirkt auch das Berühren oder Zerreiben von intensiv duftenden Kräutern wie Minze, Lavendel, Zitronenmelisse, Rosmarin und die weichen Salbeiblätter.

Eigene Kisten für Kinder

Während es für Kinder im Kindergartenalter völlig ausreichend ist, wenn sie im Kistenhochbeet der Eltern mitmachen dürfen, möchten größere Kinder gern ein eigenes Beet bewirtschaften. Nichts leichter als das, denn das Kistenhochbeet besteht aus vielen kleinen Minihochbeeten, die sich beliebig um ein Kinderbeet erweitern lassen. Die Eurokisten gibt es auch in klein: von den 30 × 40 cm großen Kisten passen zwei auf eine unten stehende 60 × 40 cm Kiste. An so einem Minihochbeet können sich auch zwei Kinder mit jeweils einer eigenen Kiste beteiligen. Eltern haben bei den Kinderkisten nur noch beratende Funktion. Sie sollten Ihren Kindern stets rasch wachsende Pflanzen an die Hand geben, die möglichst komplikationslos wachsen. Kinder brauchen Erfolgserlebnisse. Schnelle Ergebnisse halten das Interesse aufrecht und motivieren zum Weitermachen. Vorteilhaft ist es auch, wenn sie das Obst oder Gemüse direkt vom Beet naschen können.

Pflanzen für die Kinderkisten:

Erbsen	brauchen eine Rankhilfe
Erdbeeren	Walderdbeeren tragen bis in den Herbst
Kapuzinerkresse	rankend, essbare Blüten
Kresse	in einer Woche erntefertig
Radieschen	im Sommer spezielle Sorten
Pflücksalat	wächst schnell nach

● Gemeinsam staunen und ernten fördert die Wertschätzung für das selbstgezogene Gemüse.

● Möhre ernten, Erde abspülen, reinbeißen – frischer geht es nicht.

Gärtnern in Quadratbeeten

Gärtnern im Quadrat – was ist das?

Das Konzept des »Square Foot Gardening« ist in den 1980er Jahren von dem Amerikaner Mel Bartholomew entwickelt worden. Statt in Reihen hat er Gemüse in 30 × 30 cm großen Quadraten angebaut. Die amerikanische Längeneinheit «foot» entspricht in etwa 30 cm. Mehrere kleine Quadrate ergeben ein größeres Quadrat oder Rechteck, das mit einem Rahmen eingefasst wird.

Beetgröße

Die Beetgröße ist flexibel und kann an die örtlichen Gegebenheiten angepasst werden. Eine Beetbreite von 120 cm sollte jedoch nicht überschritten werden, damit man von allen Seiten gut an das Beet herankommt. Ein Kinderbeet

❋ In einem Quadratbeet haben viele verschiedene Gemüsearten Platz.

sollte noch schmaler gehalten werden. Es kann z. B. aus drei Quadraten in der Breite bestehen und somit 90 cm messen. Mit der Gestaltung der Beetlänge sind Sie flexibler. Sie können dabei durchaus von einem Quadrat abweichen und das Beet in 30-cm-Schritten verlängern. Auf dem Beet wird ein Raster aus Holzleisten montiert, das die 30 × 30 cm markiert. Jedes Quadrat wird mit einer Pflanzenart bestückt. Der Platzbedarf der Pflanzenart bestimmt die Anzahl der Pflanzen, die pro Quadrat gepflanzt werden kann.

Standort

Gemüse, Kräuter und Obst sind, bis auf wenige Ausnahmen, auf einen Platz in der Sonne angewiesen. Pflanzen brauchen ausreichend Sonnenlicht, um wachsen zu können. Es wirkt sich zudem positiv auf den Geschmack der essbaren Pflanzen aus. Die Pflanzen reifen besser aus und schmecken aromatischer. Früchte werden in der Sonne süßer und der Gehalt an ätherischen Ölen in Kräutern steigt. Quadratbeete stehen am besten auf gewachsenem Boden. Hier können die Pflanzen tief wurzeln und Wasser sowie Nährstoffe auch aus tieferen Schichten nutzen. Bekommt das Beet einen Platz auf dem Rasen, entfernen Sie die Grasnarbe und lockern den Boden spatentief auf. Wird der Kasten mit einem Boden versehen, kann er auf einer Terrasse oder einem Balkon aufgestellt werden. Geschlossene Beete werden mit Blumenerde gefüllt. Weitere Infos S. 66/67.

Vorzüge eines Quadratbeetes

Quadratbeete bieten den Vorteil, dass auf kleinstem Raum eine große Vielfalt an Gemüsearten angebaut werden kann. In einem 120 × 120 cm großen Beet sind 16 kleine Quadrate vorhanden. Das birgt die Möglichkeit, 16 verschiedene Gemüsearten anzubauen. Natürlich muss die Vielfalt nicht zwangsläufig so groß sein. Manchmal bietet es sich auch an, benachbarte Quadrate mit der gleichen Art zu bepflanzen. Bringt man z. B. ein Rankgitter für Erbsen an, zieht man es am besten über die gesamte Beetbreite, also über vier Quadrate. Durch die Einfassung in einen Rahmen sind die Beete etwas erhöht. Dadurch erwärmt sich die Erde schneller als in einem Grundbeet, was den Pflanzen Wachstumsvorteile bietet und die Vegetationszeit verlängert. Sie können im Frühjahr eher mit der Bepflanzung beginnen und im Herbst die Pflanzen länger stehen lassen.

Durch die relativ enge Bepflanzung des Quadratbeetes wird die Fläche optimal ausgenutzt. Der Boden ist schnell bedeckt, sodass Unkraut nur wenig Platz hat, um sich auszubreiten. Einzelne Unkräuter kann man nebenbei herausziehen, ohne dass es viel Mühe macht. Die Bepflanzung eines Quadratbeetes besteht ganz automatisch aus einer Mischkultur. Das bietet Vorteile bei der Krankheits- und Schädlingsabwehr. Pflanzen, die nicht miteinander verwandt sind, d. h. aus unterschiedlichen Pflanzenfamilien stammen, stecken sich nicht so leicht gegenseitig an. Der Schaden hält sich somit in Grenzen.

Ab S. 54 finden Sie verschiedene Bepflanzungsvorschläge, mit denen Sie sofort loslegen können.

Die Vorteile des Quadratgärtnerns im Überblick:

1. Große Artenvielfalt auf kleiner Fläche möglich.

2. Ermöglicht ein Obst-Gemüse-Kräuterbeet auf der Terrasse.

3. Bietet Wachstumsvorteile durch rasche Bodenerwärmung.

4. Optimale Flächenausnutzung.

5. Weniger Unkrautbewuchs.

6. Weniger Probleme mit Krankheiten und Schädlingen durch Mischkultur.

7. Einfacher Einstieg für Gartenanfänger durch genaue Vorgaben.

❋ Bei einer Breite von 120 cm kommt man von allen Seiten an die Beetmitte heran.

Verschiedene Einfassungsideen für Quadratbeete

Es spricht erst einmal nichts dagegen, ein Quadratbeet als Grundbeet auf dem Gartenboden anzulegen. Dennoch hat eine Einfassung Vorteile. Neben der schnelleren Bodenerwärmung bietet das eingefasste Beet optische Vorteile. Mit einer Einfassung schaffen Sie Ordnung und Struktur. Darüber war man sich schon Anfang des 20. Jahrhunderts bei der Anlage der alten Bauerngärten bewusst. Sie wurden stets streng symmetrisch in einer rechteckigen oder quadratischen Form mit einem Wegekreuz angelegt.

Einfassung aus Pflanzen

Die Beete in einem Bauerngarten waren meistens mit Buchsbaum eingefasst. Leider muss man heute davon abraten, da sich seit einigen Jahren das Buchsbaumsterben, eine Pilzkrankheit, und der Buchsbaumzünsler stark ausgebreitet haben. Möchten Sie Ihr Beet mit Pflanzen einfassen, greifen Sie besser auf Kräuter zurück. Als Beeteinfassung eignen sich z. B. Bergbohnenkraut, Thymian, Heiligenkraut oder Schnittlauch. Beeteinfassungen aus Pflanzen müssen regelmäßig geschnitten werden.

Einfassung aus Baustoffen

Leichter zu pflegen sind Beeteinfassungen aus Baustoffen. Neben den hier abgebildeten Möglichkeiten können Sie Einfassungen auch aus Ziegelsteinen oder Natursteinen bauen.

✳ Einfassungen aus Weide sind dekorativ, brauchen aber eine Abdichtung an der Innenseite.

✳ Beeteinfassungen aus Recyclingkunststoff sind unverwüstlich und leicht aufzubauen.

Einfassung aus Weidenelementen

Einfassungselemente aus Weidenruten kann man in verschiedenen Abmessungen in Baumärkten kaufen. Weidenelemente wirken sehr natürlich im Garten. Sie müssen allerdings an der Innenseite stabilisiert und abgedichtet werden, bevor Erde in das Beet geschaufelt wird. Bauen Sie z. B. einen einfachen Rahmen aus Holzresten, den Sie mit den Weidenelementen kaschieren.

Einfassung aus Recyclingkunststoff

Die Einfassungselemente aus Kunststoff sind sehr leicht aufzubauen. Es können beliebig viele Elemente nebeneinander und auch aufeinander gesetzt werden. Die Elemente sind doppelwandig und isolieren daher besonders gut. Zu dem System, das in den Farben rot und grau zu bekommen ist, gibt es viel Zubehör zu kaufen. Die Beete können leicht zu einem Frühbeet umgebaut oder mit einem Kulturschutznetz überzogen werden (Bezugsquelle S. 138).

Einfassung aus Cortenstahl

Cortenstahl ist ein wetterfester Baustahl, der auch ohne Korrosionsanstrich als ungewöhnlich witterungsbeständig gilt. Der Stahl ist zunächst grau, bildet aber mit der Zeit eine Rostschicht, die das Material vor weiterer Verwitterung schützt. Die biegsamen Bleche gibt es in unterschiedlichen Höhen und Längen. Sie können sie sehr einfach verlegen, indem Sie mit einem Spaten eine Rille stechen, in die die Bleche eingeschlagen werden.

Einfassung aus Holz

Einfassungen aus Holz sind für Quadratbeete am gebräuchlichsten. Am besten verwenden Sie Lärchenholz, das durch seinen hohen Harzgehalt besonders verwitterungsbeständig ist. Verschrauben Sie die Holzbretter nur mit Edelstahlschrauben, die nicht korrodieren. In den Holzseitenwänden des Beetes lassen sich die Stäbe für die Rastereinteilung des Quadratbeetes leicht befestigen.

● Moderne Beeteinfassungen aus Cortenstahl setzen die rostige Patina erst mit der Zeit an.

● Beeteinfassungen aus Lärchenholz sind langlebig, auch ohne Behandlung des Holzes.

Quadratbeete aus Holz bauen: Schritt für Schritt

Eine einfache und schnelle Möglichkeit, ein Quadratbeet zu bauen, ist, eine Einfassung aus Holz herzustellen. Bestens geeignet ist dafür unbehandeltes Lärchenholz. Durch seinen hohen Harzgehalt ist es besonders witterungsbeständig. In der Anschaffung sind Lärchenholzbretter nicht viel teurer als einfache Leimholzbretter aus dem Baumarkt, nur sind sie leider nicht überall zu bekommen. Sie finden Lärchenholz-Glattkantbretter im Holzfachhandel, müssen die Bretter meistens jedoch selbst auf die passende Länge schneiden.

Haben Sie das komplette Material und das Werkzeug bereitgelegt, dauert das Zusammenbauen weniger als eine Stunde. Arbeiten Sie auf einem ebenen Untergrund. Am besten geht es zu zweit.

① Material und Werkzeug:
4 Lärchenholzbretter (27 mm dick, 120 cm lang und 19 cm breit),
4 Kanthölzer (3 × 4 cm, 19 cm lang),
6 Rundstäbe (1 cm Durchmesser, 120 cm lang),
16 Edelstahlholzschrauben (60 × 6 mm),
Akkuschrauber mit passendem Bit,
5-mm- und 12-mm-Holzbohrer,
kleine Säge für die Rundhölzer.

② Die Lärchenholzbretter werden im rechten Winkel zueinander zusammengeschraubt. Dafür werden jeweils 2 Löcher an einer Kante eines Brettes im Abstand von etwa 1,5 cm vom Rand, mit dem 5-mm-Holzbohrer vorgebohrt.

③ Zur Stabilisierung der Ecken und als Halt für ein Gestänge für Frühbeetfolie bzw. ein Insektenschutznetz wird an der anderen Seite des Brettes ein Kantholz angeschraubt. Die Löcher für die Schrauben werden im Kantholz vorgebohrt: Setzen Sie ein Loch unten und eines in der Mitte an. So behindern die Schrauben nicht die Bohrung für das Gestänge (siehe S. 48).

④ Das Raster, die Einteilung in Quadrate im Beet, besteht aus Rundstäben, die in den Rahmen eingesteckt werden. Bohren Sie dafür in gleichmäßigen Abständen 1,5 cm tiefe Löcher ca. 2 cm unter den oberen Rand der Rahmenbretter. Hilfreich ist eine Schablone aus dicker Pappe, mit der Sie die Bohrtiefe kontrollieren.

⑤ Die so vorbereiteten Rahmenbretter werden im nächsten Schritt so aneinander geschraubt, dass ein Quadrat entsteht, in dem sich in jeder Ecke ein Kantholz befindet.

⑥ Setzen Sie zum Schluss die Rundstäbe ein. Da die Stäbe nicht festgeschraubt werden müssen, sind sie jederzeit wieder leicht herausnehmbar, z. B. um den Boden im Quadratrahmen zu bearbeiten. Das fertige Beet wird nun an dem vorgesehenen Platz aufgestellt.

TIPP: Verwenden Sie unbedingt die empfohlenen Edelstahlschrauben. Einfache Stahlschrauben rosten leicht. Dort, wo rostige Schrauben sitzen, vermodert das Holz sehr schnell.

Quadratbeete mit Erde füllen

Steht der Rahmen an seinem Platz, muss er mit Erde gefüllt werden. Sie können fertige, abgepackte Erden verwenden oder eine eigene Mischung herstellen.

Unkrautvlies einbauen?

Oft wird empfohlen, die Quadratbeete mit einem Unkrautvlies auszukleiden, bevor Erde eingefüllt wird. Das hat den Vorteil, dass von unten kein Unkraut durchwachsen kann. Allerdings kann das Vlies auch nicht von oben durchwurzelt werden, sodass tiefwurzelnde Pflanzen, die viel Wasser benötigen, dieses aus den unteren Bodenschichten nicht nutzen können. Verwenden Sie ein Unkrautvlies, haben Sie einen viel höheren Zeitaufwand für das Gießen.

Erdmenge berechnen

Die Erdmenge für Ihr Quadratbeet lässt sich leicht berechnen: Multiplizieren Sie die Grundfläche (120 × 120 cm) mit der Höhe (19 cm) und teilen Sie die Zahl durch 1000. Das Ergebnis entspricht der Erdmenge in Litern. Für die Beispielbeete benötigen Sie etwa 270 l Erde. Verwenden Sie abgepackte Erde, können Sie auf den Erdsäcken das Volumen in Litern ablesen und die entsprechende Anzahl an Säcken einkaufen. Mischen Sie die Erde selbst, können Sie sich an dem Volumen einer Schubkarre orientieren. Eine Schubkarre Erde entspricht etwa 80 l. Sie benötigen also 3,5 Schubkarren voll mit Erde.

Fertigerden

Im Dschungel der Erdensäcke müssen Sie sich erst einmal orientieren. Die Auswahl scheint unendlich groß zu sein. Es gibt torffreie und torfhaltige Erden, Erden für Blumen, für Kräuter, für Gemüse, zum Pflanzen, für die Anzucht, fürs Grab und so weiter. Doch worauf kommt es an?

Anforderungen an eine Erde

Die Erde, in der die Pflanzen ihre Wurzeln ausbreiten, hat verschiedene Funktionen. Sie soll den Pflanzen Halt geben und ihre Versorgung mit Wasser, Luft und Nährstoffen sicherstellen. Wichtig ist daher, dass die Erde einen gewissen Anteil an Tonmineralen enthält, der für Standfestigkeit sorgt und die Wasser- und Nährstoffhaltefähigkeit der Erde erhöht. Entscheiden müssen Sie sich zudem zwischen torfhaltigen und torffreien Erden. Aus ökologischen Gründen ist die torffreie Erde vorzuziehen, denn Torf kommt aus Hochmooren, die durch den Abbau zerstört werden. Torffreie Universalerden oder Gemüseerden sind für das Anfüllen eines Quadratbeetes gut geeignet.

Was kostet die Erde?

Für gute Erde müssen Sie zwischen 25 und 35 Cent pro Liter rechnen. Es gibt auch günstigere Varianten, von denen jedoch abzuraten ist, da sie in der Regel die Qualitätsanforderungen nicht erfüllen. Diese Erden sind häufig viel zu leicht und enthalten nur minderwertige Bestandteile aus Torf, Rinde und Kompost. Um Kosten zu sparen, können Sie die Erde selbst mischen.

Erde selbst mischen

Haben Sie ein Stück Garten, ist es nicht schwer, eine geeignete Erde für das Quadratbeet selbst zu mischen. Sie besteht aus Gartenerde und Kompost. Mit einem Spaten entnehmen Sie aus dem Garten an verschiedenen Stellen etwas Erde und schaufeln sie in eine Schubkarre. Das geht am besten im Herbst oder im Frühjahr, wenn die Beete nicht bepflanzt sind. Auch die lockere Erde von Maulwurfshügeln lässt sich gut verwenden. Kompost bekommen Sie bei gemeindeeigenen Grünschnittsammelstellen. Um das Porenvolumen der Erde zu erhöhen, können überlagerte Erdensäcke aus dem Vorjahr oder alte Blumenerde aus Balkonkästen und Kübeln untergemischt werden.

Für das oben beschriebene Quadratbeet benötigen Sie etwa 140 l Gartenerde, 70 l Kompost und 70 l alte Blumenerde. Steht keine alte Blumenerde zur Verfügung, erhöhen Sie den Anteil der Gartenerde. Der Kompostanteil sollte nicht mehr als ein Viertel betragen.

So wird's gemacht:

① Legen Sie neben dem Beet eine dicke Folie aus. Kippen Sie die Bestandteile der Erde auf einer Seite der Folie auf einen Haufen.

② Mit einer Schaufel setzen Sie den Erdhaufen auf die andere Seite der Folie um. Für eine gute Durchmischung schaufeln Sie die Erde noch einmal zurück.

③ Sollte die Erde sehr trocken und staubig sein, feuchten Sie sie zwischendurch mit einer Gießkanne an. Die fertige Mischung schaufeln Sie zum Schluss in das Beet.

Rankgitter und Pflanzstäbe

Einige Gemüsepflanzen wollen hoch hinaus. Sie brauchen etwas zum Festhalten, damit sie klettern können. Auch Pflanzen, die schwere Früchte tragen, brauchen Unterstützung, damit die Triebe nicht abknicken oder -reißen. Pflanzstäbe und Rankgitter gibt es in vielen Ausführungen.

Pflanzstäbe

Pflanzstäbe lassen sich schnell und einfach anbringen. Sie werden so tief in den Boden gesteckt, dass sie nicht wackeln und den Pflanzen einen Halt bieten. Als Pflanzstäbe eignen sich Bambusrohre, Holzstäbe und PE-ummantelte Stahlrohre mit strukturierter Oberfläche. Für Tomaten gibt es spiralförmige Pflanzstäbe aus Metall. Der Haupttrieb der Tomatenpflanze wird im Laufe des Wachstums um die Spirale gelegt, sodass die Triebe nicht angebunden werden müssen.

Paprikapflanzen wachsen zwei- oder dreitriebig. Vor allem Sorten mit großen Früchten (Blockpaprika) benötigen für jeden Trieb einen Stützstab. Die Früchte werden so schwer, dass die Triebe ohne Stütze brechen würden. Stangenbohnen schlingen sich ebenfalls an Stäben nach oben. Diese langen und schweren Pflanzen stützen Sie am besten, indem sie mehrere Stangen kreisförmig in der Mitte des Quadratbeetes aufstellen und oben wie ein Indianertipi zusammenbinden.

Gemüsepflanzen, die Stäbe brauchen:

Tomaten	Auberginen
Paprika	Peperoni
Stangenbohnen	Feuerbohnen

✳ Rankgitter aus Weide werden mit Draht, Bindfaden oder Kabelbinder an Stäben befestigt.

✳ Mit ihren Blattranken halten sich die Erbsenpflanzen an dem Weidengerüst fest.

Rankgitter

Rankpflanzen, die dicht zusammenstehen, wie Erbsen, oder rankende Pflanzen, die sich verzweigen, wie Gurken, bekommen zur Unterstützung ein Rankgitter aus Holz, Kunststoff oder Metall. Ein Rankgitter befestigen Sie am besten am Rand eines Quadratbeetes und ziehen es über die gesamte Breite. Einfache Rankgitter bestehen aus zwei Stäben, zwischen die ein Netz aus Kunststoff oder Jute gespannt wird. Weitere Möglichkeiten sind vorgefertigte Rankgitter aus Holz, Kunststoff oder Weide.

Selbstgebaute Rankgitter

Rankgitter können Sie sehr einfach aus Baustahlmatten herstellen, die Sie in der passenden Größe zuschneiden. Stecken Sie in der rechten und linken Ecke Stäbe in das Beet und befestigen Sie die Baustahlmatte mit Hilfe von Kabelbindern. Sehr natürlich wirken auch selbstangefertigte Konstruktionen aus Weidengeflecht. Stecken Sie dafür fünf daumendicke Weidenruten, über die gesamte Breite eines Quadratbeetes verteilt, in den Boden. Schneiden Sie außerdem dünne und biegsame Weidenruten. Flechten Sie die dünnen Ruten in mehreren Streifen von 6–8 cm Breite durch die senkrechten Stäbe und befestigen Sie diese an den Enden mit einem Draht oder Bindfaden. So entsteht ein stabiles Rankgitter, das Sie mehrere Jahre nutzen können.

TIPP: Sind die dünnen Weidenruten brüchig und zu trocken zum Flechten, weichen Sie sie vorher für einige Stunden in Wasser ein.

Gemüse- und Obstpflanzen, die Rankgitter brauchen:

Wildtomaten	Mex. Minigurken
Mini-Schlangengurken	Gewürzgurken
Erbsen	Borlotti-Bohnen
kletternde Zucchini	Kapuzinerkresse
Himbeeren	Brombeeren

✹ Jutenetze können passend zugeschnitten und an Stäben befestigt werden.

✹ Ein selbstgebautes Weidengerüst ist einfach herzustellen und wirkt sehr natürlich.

Quadratbeete mit Kälteschutz oder Schädlingsschutz

Möchten Sie schon früh im Jahr, etwa ab Mitte März, mit der Gemüse-Selbstversorgung beginnen, bietet es sich an, das Quadratbeet zumindest vorübergehend als Frühbeet zu nutzen. Mit geringem Aufwand ist ein Tunnelgestänge aufgebaut, über das eine Folie gespannt wird. Das Gestänge besteht aus 6 mm dicken, biegsamen Kohlefaserrohren (CFK-Rohr), die man im Drachenbauzubehör findet. Sie benötigen:

- 4 CFK-Rohre 6 × 3 × 1250 mm
- 2 Aluhülsen 6 mm
- 1 Folie 2,4 × 2,4 m, 0,8 mm dick
- Spanngummis, Gesamtlänge 3,80 m

Die gleiche Tunnelkonstruktion können Sie nutzen, wenn Sie Ihr Gemüse vor Schädlingsbefall schützen wollen. Statt einer Folie ziehen Sie dann ein feinmaschiges Kulturschutznetz über das Gestänge.

Tunnel bauen

- In die Kanthölzer in den Ecken der Quadratbeete bohren Sie mit einem 6-mm-Holzbohrer senkrecht je ein ca. 4 cm tiefes Loch.
- Verbinden Sie jeweils 2 CFK-Rohre mit einer Aluhülse. Verkleben Sie die Verbindung.
- Spannen Sie die Rohre diagonal über das Quadratbeet und stecken Sie die Rohrenden in die vorgebohrten Löcher.
- Binden Sie die beiden Rohre mit einem Bindfaden in der Mitte fest zusammen.
- Ziehen Sie die Folie bzw. das Netz über die Tunnelkonstruktion und befestigen Sie diese mit Gummis, die Sie um den Rahmen spannen.

Beim Einsatz des Netzes ist es besonders wichtig, dass es dicht ist. Die Schadinsekten werden durch den Duft der Pflanzen angezogen. Sie tun

✳ Die biegsamen Stangen werden in vorgebohrte Löcher in den Kanthölzern gesteckt.

✳ Wie bei einem Kuppelzelt werden die Stangen oben in der Mitte zusammengebunden.

alles, um dorthin zu gelangen, und finden die kleinsten Schlupflöcher. Eventuell müssen Sie das Netz an den Rändern mit Dachlatten oder Steinen beschweren.

So wird das Frühbeet genutzt

Ein Frühbeet ist wie ein kleines Gewächshaus. Durch die durchsichtige Folie gelangen Sonnenstrahlen in das Innere und heizen es auf. Je intensiver die Sonne scheint, desto schneller wird das Frühbeet aufgeheizt. Höher als 22–25 °C sollte die Temperatur nicht steigen. Daher müssen Sie das Frühbeet bei sonnigem Wetter unbedingt lüften. Rollen Sie die Folie zum Lüften einfach an ein oder zwei Seiten des Beetes etwas hoch und halten Sie die Folienrolle mit einem großen Pflanzenclip zusammen. Am Abend wird das Beet wieder geschlossen. In sehr kalten Nächten decken Sie die Pflanzen unter der Folie zusätzlich mit einem Vlies ab.
Da die Folie den Regen abhält, müssen Sie die Pflanzen im Frühbeet regelmäßig gießen.

So schützt das Netz

Kulturschutznetze sind ein mechanischer Schutz vor dem Befall mit schädlichen Insekten. Dazu gehören verschiedene Maden, z. B. die Larven von Möhren-, Kohl-, Rettich- und Zwiebelfliege. Netze schützen vor Raupen des Kohlweißlings, und auch Wild und Vögel werden von den Gemüsepflanzen fern gehalten. Ausreichenden Schutz vor sehr kleinen Schädlingen, wie Weiße Fliegen und Kirschessigfliegen, bieten nur sehr engmaschige Netze mit einer Maschenweite von 0,8 mm. Ziehen Sie das Netz sofort nach der Aussaat oder Pflanzung über das Beet, denn sind die Schädlinge erst an den Pflanzen, vermehren sie sich auch unter dem Netz weiter. Unter dem Netz entwickelt sich ein günstiges Mikroklima, das für das Wachstum der Pflanzen sogar förderlich ist. Licht, Luft und Wasser können ungehindert hindurchdringen. Das Netz kann selbst beim Gießen über dem Beet bleiben. Lediglich bei Tätigkeiten wie Unkrautjäten hindert es und muss abgenommen werden.

❋ Für ein Frühbeet wird eine Folie über die Stangen gezogen.

❋ Unter einem Kulturschutznetz sind die Pflanzen vor Schädlingen geschützt.

Wie viele Pflanzen pro Quadrat?

Für die meisten Gemüsekulturen sind Pflanzabstände auf den Samentüten angegeben. Sie gelten allerdings für den Anbau im Garten auf einem Grundbeet, unter der Annahme, dass nur die eine Kultur auf dem Beet steht. Bei der Angabe der Abstände sind zudem nicht nur der eigentliche Platzbedarf der Pflanzen berücksichtigt, sondern auch die Bearbeitbarkeit der Beete, z. B. die Breite einer Unkrauthacke und Ähnliches. Der intensive, in Mischkultur angelegte Anbau der Gemüse in einem Quadratbeet erlaubt wesentlich geringere Abstände. Die Pflanzen bedrängen sich nicht, wenn der Platz optimal zugeteilt wird. Tiefwurzler wachsen neben flachwurzelnden Arten, ausladende Gewächse neben schlanken. Die engen Abstände sind schon vom »Erfinder« der Quadratbeete, Mel Bartholomew erprobt worden. Berücksichtigen Sie die Enge in den Beeten auch bei der Ernte.

So viele Pflanzen passen in ein Quadrat		
Asia- Salat	9	
Basilikum	5	
Blattmangold	1	
Brokkoli	1	
Buschbohnen	5	
Erbsen	6	
Erdbeeren	5	
Feldsalat	16	
Fenchel	5	
Grünkohl	1	
Kohlrabi	5	
Mexikanische Minigurken	1	
Möhren	16	
Petersilie	5	
Pflücksalat	5	
Porree	9	
Radieschen	16	
Rosenkohl	1	
Rote Bete	5	
Rucola	16	
Schnittmangold	9	
Snackpaprika	1	
Spinat	16	
Wildtomaten	1	
Zwiebeln	9	

✳ Mit den 4 Pflanz- und Saatschablonen können Sie Abstände mühelos markieren.

Nehmen Sie z. B. bei 5 Salaten in einem Quadrat zuerst den in der Mitte stehenden heraus. So haben die übrigen Pflanzen mehr Platz und können noch einige Tage stehen. Und sollte es doch einmal eng werden, ernten und essen Sie einfach schon ein paar Pflanzen in einem jungen Stadium. Babygemüse ist besonders zart und gilt als Delikatesse.

Pflanz- und Saatschablonen

Um bei der Pflanzung und bei der Aussaat der Gemüse-, Obst- und Kräuterpflanzen zügig arbeiten zu können, nehmen Sie sich Pflanz- und Saatschablonen zu Hilfe. Einmal angefertigt, halten sie viele Jahre lang und können immer wieder eingesetzt werden. Mit den Schablonen können Sie die Pflanz- und Saatstellen in einem Quadrat schnell und präzise markieren. In der Tabelle links sind viele Gemüse-, Obst- und Kräuterpflanzen den verschiedenen Schablonen zugeordnet. Nehmen Sie bei der Belegung einer Parzelle die richtige Schablone zur Hand, legen Sie sie auf das Quadrat und markieren Sie die Pflanz-/Saatstellen mit dem Finger oder einem Stöckchen. Für Aussaaten bohren Sie gleich durch die Schablone so tief in die Erde, dass Sie die Samen nur noch auslegen müssen. Für vorgezogene Jungpflanzen heben Sie an der markierten Stelle ein Loch aus.

Schablonen anfertigen

Die Schablonen können aus 4 oder 6 mm dickem Sperrholz angefertigt werden. Lassen Sie sich im Baumarkt 28 × 28 cm große Sperrholzbretter zuschneiden. Markieren Sie in gleichmäßigen Abständen die Mittelpunkte der Löcher auf den Brettchen. Schneiden Sie die Kreise mit einer Lochsäge, die einfach in eine Bohrmaschine gespannt wird, aus. Sie benötigen 4 Schablonen, eine mit einem Loch, eine mit 5 Löchern und jeweils eine Ausführung mit 9 und 16 Löchern.

❀ Für Spinat brauchen Sie z. B. die 16er-Schablone. Bohren Sie 2 cm tiefe Löcher, dann ...

❀ ... legen Sie die Schablone beiseite, streuen in jedes Loch 2–3 Samen und schließen die Löcher.

Die Bepflanzung selbst planen

Mit Hilfe eines Pflanzplanes behalten Sie bei der Bepflanzung eines Quadratbeetes die Übersicht. Zudem können Sie ablesen, wann Sie welche Jungpflanzen benötigen. Das ist wichtig, wenn Sie die Gemüsepflanzen selbst anziehen. Bei der Planung sind Saatgut- oder Gartenkataloge eine große Hilfe. Sie erscheinen meistens zu Beginn des Jahres neu (Bezugsquellen ab S. 138). Dort finden Sie Anbauhinweise, Sortenbeschreibungen und viele nützliche Tipps. Informationen zu Gemüse-, Kräuter- und Obstpflanzen finden Sie in diesem Buch ab S. 110.

So entsteht ein Pflanzplan

Zeichnen Sie auf einem großen Blatt Papier ein Quadratbeet, unterteilt in 16 kleine Quadrate. Von allen Pflanzen, die auf dem Beet stehen

✹ Für die Bepflanzungsplanung eines Quadratbeetes ist eine Skizze sehr hilfreich.

sollen, notieren Sie die Namen und die Pflanzenfamilie auf kleine Zettel. Besonders beliebte Arten schreiben Sie zweimal auf. Einige Gemüsekulturen, wie Rosenkohl, Kopfkohl und Winterporree besetzen das Beet sehr lange. Planen Sie diese nur ein, wenn Sie mehrere Beete haben. Andere Gemüse, wie Kürbis und Zucchini, werden zu groß für ein Quadratbeet. Geben Sie diesen außerhalb des Beetes einen Platz.

Die Frühlingsbepflanzung

Mit der Zeichnung und den Zetteln können Sie jetzt »puzzeln«. Setzen Sie hohe Pflanzen in die Beetmitte, kleinere an den Rand. Pflanzen, die in die Breite wachsen, bekommen eine Parzelle an der Ecke. Hier können sie sich über den Rand hinaus ausdehnen. Ein Rankgitter wird am Rand über die gesamte Breite eines Beetes befestigt. Rankpflanzen stehen daher auf diesen 4 Randparzellen. In der Übersicht ab S. 134 finden Sie Hinweise auf Mischkulturpartner, die Sie beachten können. In Quadratbeeten ist die Mischkultur aber zweitrangig, denn Abwechslung entsteht durch die Parzellen sowieso. Zum Schluss kleben Sie die Zettel auf und erstellen mit Hilfe der Tabelle auf S. 50 eine Pflanzliste.

Die Sommerbepflanzung

Viele Gemüsearten, die Sie im Frühling gesät oder gepflanzt haben, sind nach 6 bis 8 Wochen abgeerntet. Im Sommer können Sie die Parzellen nach und nach neu belegen. Versuchen Sie so zu planen, dass Pflanzen derselben Familie nicht aufeinander folgen. Informationen zur Fruchtfolge finden Sie auf S. 21.

Beetkonzepte zum Nachpflanzen

Haben Sie keine Zeit, keine Lust oder trauen Sie sich eine eigene Planung (noch) nicht zu, können Sie auf fertige Pflanzpläne zurückgreifen. Auf den folgenden Seiten finden Sie 3 durchdachte Bepflanzungskonzepte. Alle Bepflanzungen sind in der Praxis erprobt worden. Die Jungpflanzen wurden auf der Fensterbank und später im Gewächshaus herangezogen.
Mit der Frühlingsbepflanzung wurde Anfang April begonnen. Einige Parzellen blieben aber bis Mitte Mai für wärmeliebende Gemüsearten frei. In diesen Parzellen könnten Sie aber bei Bedarf Kresse aussäen, die bis dahin schon geerntet ist.

Den Boden vorbereiten

Haben Sie das Beet gerade erst frisch gefüllt, ist keine Vorbereitung nötig. In den nachfolgenden Jahren nehmen Sie die Stäbe aus dem Rahmen. Entfernen Sie sorgfältig das Unkraut. Ist die Erde zusammengesackt, füllen Sie das Beet auf. Lockern Sie den Boden mit einer Grabgabel. Verteilen Sie organischen Dünger nach Packungsangabe auf der Beetoberfläche und harken Sie ihn sorgfältig ein. Dabei zerstoßen Sie grobe Erdklumpen und ebnen die Oberfläche des Beetes ein. Zum Schluss werden die Stäbe für das Beetraster wieder eingesetzt.

✳ Die vorgestellten Bepflanzungskonzepte sind erprobt worden. 4 Quadratbeete standen für den Probelauf zur Verfügung. Die Pflanzenanzucht erfolgte auf der Fensterbank und im Gewächshaus.

Beetkonzept 1: Rankgitter für Erbsen

Frühlingsbepflanzung

① Erbsen	⑤ Radieschen	⑨ Frühmöhren	⑬ Spinat, rotstielig
② Erbsen	⑥ Kohlrabi, weiß	⑩ Steckzwiebeln	⑭ Rucola
③ Erbsen	⑦ Pflücksalat	⑪ Kohlrabi, blau	⑮ Roter Blattsenf
④ Erbsen	⑧ Radieschen	⑫ Steckzwiebeln	⑯ Spinat, grün

Sommerbepflanzung

1. Kapuzinerkresse, rankend
2. Kapuzinerkresse, rankend
3. Kapuzinerkresse, rankend
4. Kapuzinerkresse, rankend
5. Fenchel
6. Salat 'Ovired'
7. Rucola
8. Fenchel
9. Lauch
10. Stangensellerie
11. späte Möhren
12. Stangensellerie
13. Rosenkohl
14. Mangold 'Bright Lights'
15. Mangold 'Bright Lights'
16. Rosenkohl

Quadratbeet 1: Bepflanzen, pflegen und ernten

Die Frühjahrsbepflanzung für Quadratbeet 1 besteht nur aus Gemüsearten, die kältetolerant sind. Das Beet kann daher Anfang April komplett bepflanzt werden.

Säen und pflanzen

Zum Säen und Pflanzen benötigen Sie die Schablonen (siehe S. 50/51), eine Handschaufel und eine Gießkanne. Beginnen Sie mit der Bestellung der 4 Quadrate in der Mitte des Beetes. Legen Sie die entsprechenden Schablonen auf die Parzellen und markieren Sie die Pflanzstellen oder bohren Sie mit dem Finger kleine Löcher für die Samen. Beim Aussäen legen Sie 2 bis 3 Samenkörner in jedes Loch. Für die Erbsen verwenden Sie die Schablone mit den 9 Löchern. Bestücken Sie nur die obere und untere Reihe mit Samen. In der Mitte bleibt Platz für das Rankgitter. Gehen Sie Parzelle für Parzelle so vor. Schauen Sie dabei auf den Pflanzplan. Streichen Sie die fertig bepflanzte Parzelle auf dem Plan ab oder stecken Sie ein Etikett in das Quadrat. Zum Schluss gießen Sie das Beet etwa mit 12 l Wasser aus einer Kanne mit Brause an.

Pflanzen- und Saatgutliste Frühjahr

Jungpflanzen:

Kultur	Anzahl	Sortenbeispiele
Kohlrabi, weiß	5	'Lanro'
Kohlrabi, blau	5	'Azur Star'
Pflücksalat	5	'Lollo Rosso'

Saatgut:

Kultur	Sortenbeispiele
Markerbsen	'Wunder von Kelvedon'
Radieschen	'Cherry Belle', 'Saxa 3'
Frühmöhren	'Jeanette', 'Flyaway F1'
Steckzwiebeln	'Sturon', 'Braunschw. Rote'
Spinat, rotstielig	'Red Cardinal', 'Reddy F1'
Spinat, grün	'Matador', 'Lazio F1'
Rucola	'Ruca', 'Speedy'
Roter Blattsenf	'Red Giant'

✸ Die Quadrate in der Mitte werden zuerst bepflanzt. Hier werden gerade Zwiebeln gesteckt.

✸ Breitet sich der Kohlrabi zu sehr aus, entfernen Sie die unteren Blätter.

Pflegen und ernten

Spätestens wenn die Erbsenpflanzen eine Handbreit aus der Erde schauen, wird das Rankgitter angebracht. Setzen Sie es genau zwischen die beiden Reihen. Weitere Pflegearbeiten sind das Gießen und das Ausdünnen der Möhren und Radieschen. Lesen Sie dazu S. 27. Werden die Kohlrabi so groß, dass sie die benachbarten Kulturen bedrängen, entfernen Sie die unteren Blätter. Ernten Sie die erste Knolle, auch wenn sie noch klein ist. Sie schmeckt zart und köstlich. 6 bis 8 Wochen nach der Pflanzung beginnt die Ernte. Radieschen, Pflücksalat, Spinat, Rucola, Kohlrabi und Blattsenf sind zuerst erntereif. Möhren, Erbsen, Zwiebeln stehen etwas länger im Beet. Nach und nach werden die Parzellen frei und können neu belegt werden. Lockern Sie die Erde mit einem Handgrubber auf. Die Quadrate, in denen die Starkzehrer Rosenkohl, Lauch, Bleichsellerie und Mangold gepflanzt werden, versorgen Sie noch einmal mit organischem Dünger. Bis zum Beginn des Sommers wird das Beet komplett einmal neu belegt sein.

Pflanzen- und Saatgutliste Sommer

Jungpflanzen:

Kultur	Anzahl	Sortenbeispiele
Kapuzinerkresse	8	
Fenchel	10	'Fino'
Lauch	9	'Bavaria'
Stangensellerie	10	'Tall Utah'
Rosenkohl	2	'Falstaff'
Mangold	2	'Bright Lights'

Saatgut:

Kultur	Sortenbeispiele
Romanasalat	'Ovired'
Rucola	'Ruca', 'Speedy'
Möhren, spät	'Rote Riesen 2'

❋ Kohlrabi können 7 bis 8 Wochen nach der Pflanzung geerntet werden.

❋ Nach und nach wird das Beet komplett ein zweites Mal bepflanzt.

Beetkonzept 2: Rankgitter für Wildtomate

Frühlingsbepflanzung

① Wildtomate	⑤ Radieschen	⑨ Pflücksalat	⑬ Kohlrabi, weiß
② Tagetes	⑥ Petersilie	⑩ Steckzwiebeln, weiß	⑭ Pflücksalat
③ Tagetes	⑦ Petersilie	⑪ Steckzwiebeln, rot	⑮ Pflücksalat
④ Mexikanische Minigurke	⑧ Asia-Salat	⑫ Kohlrabi, weiß	⑯ Möhren, früh

Sommerbepflanzung

1. Wildtomate
2. Tagetes
3. Tagetes
4. Mexikanische Minigurke
5. Mangold 'Charlie'
6. Petersilie
7. Petersilie
8. Möhren, spät
9. Lauch
10. Rosenkohl
11. Rosenkohl
12. Möhren, spät
13. Fenchel
14. Rosenkohl
15. Rosenkohl
16. Rucola

Quadratbeet 2: Bepflanzen, pflegen und ernten

Nach der Bodenvorbereitung (siehe S. 53) befestigen Sie an Quadratbeet 2 ein Rankgitter. Es dient einer Wildtomate und einer Mexikanischen Minigurke als Halt. Stecken Sie in die oberen Ecken des Beetes jeweils einen langen Pflanzstab tief in den Boden. Zwischen die Stäbe spannen Sie ein Ranknetz aus Kunststoff oder Jute (siehe S. 47).

In Quadratbeet 2 können 12 Parzellen ab Anfang April belegt werden. Die Wildtomate, die Mexikanische Minigurke und die Tagetes werden erst Mitte Mai gepflanzt.

Säen und pflanzen

In Quadratbeet 2 bleiben die 4 Felder entlang des Ranknetzes zunächst frei. Bepflanzen Sie zuerst die 4 Quadrate in der Beetmitte. Dafür brauchen Sie die Schablonen (siehe S. 50/51), eine Handschaufel und eine Gießkanne mit Brausekopf. Markieren Sie mit der Schablone die Pflanzstellen für die Petersilie und setzen

Pflanzen- und Saatgutliste Frühjahr

Jungpflanzen:

Kultur	Anzahl	Sortenbeispiele
Kohlrabi	10	'Lanro', 'Azur Star'
Pflücksalat	15	Eichblattsalate
Petersilie	10	'Mooskrause'
Tagetes	10	'Orange Gem'
Mex. Minigurke	1	
Wildtomate	1	'Rote Murmel'

Saatgut:

Kultur	Sortenbeispiele
Möhren, früh	'Jeanette', 'Flyaway F1'
Steckzwiebeln	'Sturon', 'Braunschw. Rote'
Radieschen	'Cherry Belle', 'Saxa 3'
Asia-Salat	Mischung verschiedener Sorten

Sie diese mit Hilfe der Schaufel ein. Kennzeichnen Sie dann die Plätze für die Steckzwiebeln.

✸ Die Wildtomate ist frostempfindlich und kommt erst Mitte Mai ins Beet.

✸ Die Mexikanische Minigurke ist sehr wärmebedürftig und sollte geschützt stehen.

Drücken Sie die Zwiebeln so weit in den Boden, dass nur die Spitze herausschaut. Pflanzen Sie als nächstes Pflücksalat und die Kohlrabi. Zum Schluss säen Sie die Möhren, die Asia-Salate und die Radieschen. In der Tabelle S. 50 können Sie ablesen, welche Schablone jeweils benötigt wird. Gießen Sie das Beet mit ca. 12 l Wasser an.

Mitte Mai werden die Tagetes, die Wildtomate und die Mex. Minigurke ins Beet gesetzt.

Pflegen und Ernten

In Beet 2 muss zunächst nur gegossen werden. Später kommt das Ausdünnen der Möhren und Radieschen und eventuell das Entfernen der unteren Kohlrabiblätter hinzu. Lesen Sie dazu S. 27 und 57. Die Wildtomate kann mehrtriebig wachsen. Schneiden Sie die starkwüchsige Pflanze regelmäßig zurück. Erntebeginn der Radieschen, Salate und Kohlrabi ist 6 bis 8 Wochen nach der Pflanzung. Die Frühmöhren und Steckzwiebeln brauchen etwas länger. Von der Tomate und der Minigurke kann ab Ende Juli geerntet werden.

Pflanzen- und Saatgutliste Sommer

Jungpflanzen:

Kultur	Anzahl	Sortenbeispiele
Lauch	9	'Bavaria'
Fenchel	5	'Fino'
Rosenkohl	4	'Falstaff'

Saatgut:

Kultur	Sortenbeispiele
Schnittmangold	'Charlie'
Möhren, spät	'Rote Riesen 2'
Rucola	'Ruca', 'Speedy'

Petersilie, Tagetes, die Tomate und die Minigurke bleiben bis zum Herbst auf dem Beet. Die anderen Parzellen werden, sobald sie frei werden, noch einmal bepflanzt. Lockern Sie den Boden zuvor mit einem Handgrubber auf. Für die Starkzehrer Lauch und Rosenkohl wird noch einmal Dünger eingearbeitet. Pflanzen und säen Sie dann nach dem Plan auf S. 59.

✹ Mit einer schmalen Jätekralle lässt sich der Boden zwischen den Pflanzen auflockern.

✹ Die wüchsigen Gewürztagetes müssen mit der Gartenschere etwas »gebremst« werden.

Beetkonzept 3: mit Frühbeettunnel

Frühlingsbepflanzung

① Erdbeeren	⑤ Asia-Salat	⑨ Ringelblumen	⑬ Bohnen
② Radieschen	⑥ Mangold 'Bright Lights'	⑩ Pflücksalat	⑭ Bohnen
③ Radieschen	⑦ Pflücksalat	⑪ Mangold 'Bright Lights'	⑮ Bohnen
④ Erdbeeren	⑧ Ringelblumen	⑫ Rucola	⑯ Bohnen

Sommerbepflanzung

① Erdbeeren	⑤ Salat 'Ovired'	⑨ Schwarzer Rettich	⑬ Feldsalat
② Salat 'Ovired'	⑥ Mangold 'Bright Lights'	⑩ Grünkohl	⑭ Endiviensalat
③ Mangold 'Charlie'	⑦ Grünkohl	⑪ Mangold 'Bright Lights'	⑮ Endiviensalat
④ Erdbeeren	⑧ Schwarzer Rettich	⑫ Späte Möhren	⑯ Feldsalat

Quadratbeet 3: Bepflanzen, pflegen und ernten

Quadratbeet 3 kommt ohne Rankgitter aus. Stattdessen können Sie das Beet mit einer Folie überziehen und als Frühbeet nutzen. Unter der Folie wird es so warm, dass Sie Anfang März das erste Gemüse pflanzen oder säen können. Wie der Frühbeettunnel gebaut wird, lesen Sie auf S. 48/49. Die Quadrate für Bohnen und Mangold bleiben zunächst frei, sie kommen Mitte Mai ins Beet. Zu diesem Zeitpunkt wird die Frühbeetfolie wieder abgenommen.

Säen und pflanzen

Im Frühbeet können Sie Pflücksalat und Ringelblumen pflanzen und Radieschen, Rucola und Asia-Salat aussäen. Mit Hilfe der Schablonen (siehe S. 50/51) markieren Sie in der Beetmitte zuerst die Pflanzstellen für den Pflücksalat und setzen diesen dann mit einer Handschaufel ein. Genauso pflanzen Sie die Ringelblumen. Säen Sie den Rucola, den Asia-Salat und die Radieschen aus. In der

Pflanzen- und Saatgutliste Frühjahr

Jungpflanzen:

Kultur	Anzahl	Sortenbeispiele
Pflücksalat	10	Eichblattsalate
Ringelblumen	10	einfach blühende
Mangold	2	'Bright Lights'
Erdbeeren	10	'Mara des Bois'

Saatgut:

Kultur	Sortenbeispiele
Buschbohnen	'Maxi', 'Purple Teepee'
Asia-Salat	Mischung versch. Sorten
Radieschen	'Saxa 3', 'Eiszapfen'
Rucola	'Ruca', 'Speedy'

Tabelle auf S. 50 können Sie ablesen, welche Schablone jeweils benötigt wird.
Erdbeeren pflanzen Sie ab Mitte April dazu. Damit Sie auch im ersten Jahr schon eine lohnende Menge ernten, setzen Sie zunächst 5 Pflanzen in ein Quadrat.

✽ In einem Frühbeet beginnt die Gartensaison schon Anfang bis Mitte März.

✽ Die nach Walderdbeeren schmeckende Erdbeersorte 'Mara des Bois' trägt bis in den Herbst.

Nachdem Sie die Frühbeetfolie abgenommen haben, pflanzen Sie Mitte Mai den Mangold ins Beet und säen die Bohnen aus. Die Samen werden 3 bis 5 cm tief in die lockere Erde gedrückt.

Pflegen und ernten

An sonnigen Tagen muss das Frühbeet gelüftet werden. Schieben Sie die Folie dafür an einer Seite für einige Stunden hoch. Gießen Sie regelmäßig, denn der Regen wird von der Folie abgehalten. Erntebeginn der Radieschen und Pflücksalate ist 6 bis 8 Wochen nach der Pflanzung. Sollte der Pflücksalat schon Mitte Mai abgeerntet sein, säen Sie vor der Grünkohlpflanzung noch Spinat, der bis Ende Juni fertig ist.

Erdbeeren und Mangold 'Bright Lights' bleiben bis zum Herbst auf dem Beet. Die anderen Parzellen werden nach und nach frei und noch einmal bepflanzt. Lockern Sie den Boden zuvor mit einem Handgrubber auf. Für den Grünkohl wird etwas organischer Dünger eingearbeitet. Gehen Sie nach dem Pflanzplan auf S. 63 vor.

Pflanzen- und Saatgutliste Sommer

Jungpflanzen:

Kultur	Anzahl	Sortenbeispiele
Grünkohl	2	'Lerchenzungen'
Endivien	5	'Diva', 'Jolie'

Saatgut:

Kultur	Sortenbeispiele
Schnittmangold	'Charlie'
Romanasalat	'Ovired'
Schwarzer Rettich	'Runder Schwarzer Winter'
Möhren, spät	'Rote Riesen 2'
Feldsalat	'Vit'

Im Herbst nehmen Sie die Erdbeerpflanzen, die etwa 3 Jahre lang Früchte liefern, wieder heraus und setzen von den jetzt kräftigen Pflanzen nur eine pro Quadrat. Die Erdbeerpflanzen haben viele Ausläufer gebildet, so dass Sie jetzt auch ein komplettes Quadratbeet damit bepflanzen können.

✷ Die weißen Eiszapfen-Radieschen sind etwas später reif als die roten 'Saxa 3'.

✷ Vom Mangold können die äußeren Blätter laufend geerntet werden.

Quadratbeetgärtnern mit Kindern

Kinder, die in einer Stadt aufwachsen, haben oftmals keine Vorstellung davon, woher das Obst und Gemüse im Supermarkt kommt, und erst recht nicht davon, wie man es selbst anpflanzen könnte. Quadratbeete bieten den Vorteil, dass auf kleinstem Raum eine große Vielfalt an Gemüsearten angebaut werden kann. Neugierige und interessierte Kinder können mit Hilfe eines solchen Beetes gleich eine ganze Bandbreite an Gemüse kennenlernen. Wird der Kasten mit einem Boden versehen, kann er auch auf einer Terrasse oder einem Balkon aufgestellt werden.

Quadratbeete eignen sich nicht nur für den Privathaushalt. Auch in einem Schulgarten oder auf dem Gelände eines Kindergartens können die Beete gute Dienste leisten. Unter Anleitung eines Erwachsenen können Kinder das Beet bepflanzen und pflegen.

Ein Kinderbeet bauen

Ein Kinderbeet ist kleiner als ein Beet, das für Erwachsene gedacht ist. Bei einer Kantenlänge von 90 cm können 9 kleine Parzellen von 30 cm Länge untergebracht werden. Steht das Beet nicht auf gewachsenem Boden, sondern z.B. auf einer Terrasse oder auf dem gepflasterten Schulhof, bekommt es einen Boden. Schrauben Sie für die Einfassung zunächst vier 90 cm lange und 2,5 cm dicke Bretter zu einem Quadrat zusammen. Die Seitenwände haben eine Höhe von mindestens 30 cm. Für den Einbau des Bodens schrauben Sie 4 Leisten (2 bis 3 cm stark) innen im Kasten an die untere Kante der Seiten. Lassen Sie sich im Baumarkt eine Fahrzeugbauplatte passend zuschneiden und legen Sie sie von oben auf die Leisten. Damit überschüssiges Wasser abfließt, werden Löcher in

❂ Damit sich im Beet kein Wasser staut, werden in die Bodenplatte Löcher gebohrt.

❂ In die Mitte des Beetes kommt die höchste Pflanze, in diesem Fall eine Balkontomate.

die Platte gebohrt. Die Stäbe für das Raster bauen Sie so ein, wie auf S. 42 beschrieben.

Das Kinderbeet füllen

Vor dem Einbau der Rasterstäbe in den Rahmen wird das Beet mit Erde gefüllt. Beete auf gewachsenem Boden werden genauso gefüllt wie die großen Beete (siehe S. 44/45).
Ein unten geschlossenes Beet wird dagegen gefüllt wie ein großer Kübel. Gartenerde ist dafür nicht geeignet. Kaufen Sie im Gartencenter torffreie Universal- oder Gemüseerde. Für ein Quadratbeet der oben genannten Größe benötigen Sie etwa 200 l Erde.

Das Kinderbeet bepflanzen

Die Bepflanzung des Kinderbeetes planen Sie so, wie auf S. 52/53 beschrieben. Für Kinder-

beete sind schnell wachsende Pflanzen, die direkt vom Beet genascht werden können, am besten geeignet.

Beispiel für eine Bepflanzung

In den 9 Quadraten des Beispielbeetes haben eine Balkontomate, Erdbeeren, Radieschen, Pflücksalat und Kohlrabi Platz gefunden. Die Tomate steht in der Beetmitte. Sie bekommt einen Stab als Stütze. An 2 gegenüberliegenden Ecken werden jeweils 5 Erdbeerpflanzen eingesetzt. Die anderen beiden Ecken sind mit je 5 Kohlrabi bepflanzt. In zwei der übrigen Felder kann Salat gesetzt werden, in den beiden anderen werden Radieschen ausgesät.
Die Erdbeeren und die Tomate besetzen die Felder über die gesamte Saison. Auf die Kohlrabi können im Sommer Buschbohnen folgen, nach den Radieschen z. B. Ringelblumen und in den Salatquadraten wird Rucola und Asia-Salat nachgesät. Auch die Aussaat von späten Möhren wäre in allen Feldern möglich.

✸ Erdbeeren, Salate und Kohlrabi werden als vorgezogene Jungpflanzen eingesetzt.

✸ Rote Radieschen und Eiszapfen-Radieschen werden in je einem Quadrat ausgesät.

Gärtnern auf Terrasse und Balkon

Welche Gefäße eignen sich?

Auf Terrasse und Balkon können Sie Gemüse und Kräuter in verschiedensten Gefäßen anbauen. Sie können Plastik- oder Tontöpfe verwenden, Kisten aus Holz oder Kunststoff, Säcke, alte Zinkwannen und selbst Konservendosen oder Milchtüten lassen sich als Pflanzgefäße umfunktionieren. Wichtig für alle Gefäße ist, dass sie im Boden Abzugslöcher für überschüssiges Wasser haben. Pflanzen reagieren empfindlich auf Staunässe und gehen ein, wenn die Wurzeln zu lange im Wasser stehen.

Stehende Gefäße

Je größer ein Gefäß ist, desto weniger Probleme bereitet die Wasserversorgung der Pflanzen. Stehende Gefäße können Sie so groß wählen, wie es der Platz auf Ihrem Balkon erlaubt.

Einzelne Töpfe

Töpfe aus Ton oder Plastik können Sie auf dem Boden, auf einem kleinen Tisch oder im Regal anordnen. Tontöpfe sind schwerer und somit standfester als Plastiktöpfe. Sie eignen sich z. B. für einzelne Kräuter wie Salbei, Rosmarin, Basilikum und Lavendel. Stellen Sie Untersetzer unter die Töpfe, damit austretendes Gießwasser keine Flecken hinterlässt.

Holz- und Plastikkisten

Kisten haben oft so große Löcher und Ritzen, dass die Erde herausrieseln würde. Kleiden Sie diese Gefäße mit einer Folie oder einem Vlies aus. Eine Folie muss auf dem Boden durchlöchert werden, Vlies ist wasserdurchlässig.

Zinkwannen

Alte Zinkwannen haben einen besonderen Charme. Sie wurden früher zum Baden und

✻ Zinkwannen, Holzkisten und Tontöpfe bieten vielfältige Bepflanzungsmöglichkeiten.

✻ Pflanztaschen sind leicht und können im Winter platzsparend verstaut werden.

Wäschewaschen benutzt und haben daher meistens ein Abflußloch. Wenn nicht, bohren Sie mit einem Akkubohrer Löcher in den Boden. Zinkwannen sind schwer, daher sollten sie auf dem vorgesehenen Platz stehen, bevor sie mit Erde gefüllt werden.

Pflanztaschen

Taschen und Säcke, die bepflanzt werden können, gibt es aus verschiedenen Materialien, Formen und Größen. Allen gemeinsam ist, dass sie leicht sind und im Winter nicht viel Platz einnehmen, da sie einfach zusammengefaltet in einer Kiste aufbewahrt werden. Die Gefäße haben stabile Tragegriffe und eingestanzte Löcher für den Wasserabzug.

Sie bekommen auch Pflanztaschen und Säcke, die auf verschiedene Pflanzenbedürfnisse abgestimmt sind, z. B. hohe Kartoffelsäcke, Tomatensäcke mit vorgefertigten Laschen für Pflanzstäbe und Karottentaschen mit der nötigen Tiefe für lange Möhren.

Hängende Gefäße

Auf einem kleinen Balkon kann der Platz besser genutzt werden, wenn man zusätzlich zum Boden auch an der Wand Pflanzgefäße befestigt. Vertikal Gärtnern ist ein Trend, der viele Gestaltungsideen für die Bepflanzung von Wänden hervorgebracht hat. So gibt es Gestelle mit mehreren Etagen zu kaufen, auf denen Pflanzen untergebracht werden können. Außerdem Taschen, die an der Wand befestigt werden oder von der Decke hängende Blumenampeln. Etwas problematisch ist bei all diesen Gefäßen die Wasserversorgung. Achten Sie darauf, dass die Gefäße ein möglichst großes Volumen haben und Sie diese zum Gießen bequem erreichen können.

Originell sind auch bepflanzte Konservendosen. Aus Großküchen kann man Dosen mit einem Fassungsvermögen von 4 l bekommen. Bohren Sie einige Zentimeter unter dem oberen Rand zwei Löcher für einen Kabelbinder, mit dem Sie die Dose an einem Klettergerüst befestigen.

● Neben den üblichen Balkonkästen gibt es auch auf dem Geländer aufsitzende Gefäße.

● Upcycling: Auch Konservendosen können als Pflanztöpfe verwendet werden.

Die richtige Erde

Führt man sich vor Augen, dass das Wurzelsystem einer Pflanze im Freiland um ein Vielfaches größer ist, als das einer Topfpflanze, ist es verständlich, dass an eine Topferde hohe Qualitätsansprüche gestellt werden sollten. Eine ungünstige Zusammensetzung der Erde hat für Pflanzen in einem engen Gefäß gravierendere Folgen als für eine Freilandpflanze, deren Wurzelsystem ungünstige Situationen besser ausgleichen kann.

Gute Erde erkennen

Eine gute Erde muss schwer genug sein, um den Pflanzenwurzeln Halt zu geben, gleichzeitig aber auch locker sein, damit Luft an die Wurzeln gelangt. Außerdem soll sie Pflanzennährstoffe enthalten und Wasser speichern können. Topferde darf beim Wässern nicht verschlämmen und bei Trockenheit nicht schrumpfen. Um all diese Eigenschaften zu erreichen, setzt sich eine gute Erde aus verschiedenen organischen und mineralischen Bestandteilen zusammen. Jeder Hersteller hat dabei seine eigene Rezeptur entwickelt. In der Regel können Sie sich bei Erden namhafter Hersteller auf die Qualität verlassen. Von einer »Billigerde« ist allerdings abzuraten, da die Qualität sehr stark schwankt und oftmals minderwertige Ausgangsprodukte verwendet werden, die den günstigen Preis ermöglichen.

Wollen Sie Erde verwenden, die Sie noch aus dem Vorjahr übrig haben, besteht die Gefahr, dass der Nährstoffgehalt nicht mehr ausreichend ist, meistens ist zu wenig Stickstoff enthalten. Mischen Sie daher etwas organischen Dünger oder speziell Hornspäne unter die Erde. Damit wird der Stickstoffgehalt wieder angehoben.

✹ Gute Erde ist locker, aber dennoch schwer genug, um den Pflanzenwurzeln Halt zu geben.

✹ Aus der großen Auswahl an Erden reicht eine Universalerde und eine Anzuchterde aus.

Torfhaltig oder torffrei?

Viele Jahre lang war Weißtorf der wichtigste Bestandteil einer Topferde. Er kann Wasser außergewöhnlich gut speichern, hat ein großes Porenvolumen und ermöglicht so eine gute Luftversorgung der Pflanzenwurzeln. Weißtorf ist strukturstabil, frei von Krankheitskeimen und als natürlicher Rohstoff biologisch abbaubar. Dennoch wird heute von der Verwendung torfhaltiger Erden abgeraten, da für den Torfabbau Hochmoore trocken gelegt werden müssen. Das führt zur Zerstörung wertvoller Ökosysteme, die Lebensraum unzähliger Tiere und Pflanzen sind. Darüber hinaus kommt es bei dem Torfabbau zu einer vermehrten Freisetzung klimaschädlichen Kohlendioxids.

Die meisten Hersteller von Topferden haben heute neben den torfhaltigen auch torffreie Erden im Angebot. Der Torf wird durch Holz- und/oder Kokosfasern ersetzt und mit Grüngutkompost und Rindenhumus gemischt. In verschiedenen Tests schneiden torffreie Erden genauso gut wie torfhaltige Erden ab, sodass ihre Verwendung inzwischen durchaus empfohlen werden kann.

Universal- oder Spezialerde?

Auf dem Erdenmarkt gibt es verschiedene Spezialerden für viele Pflanzengruppen. Die Anwendung dieser Erden schadet nicht, ist aber in den meisten Fällen nicht notwendig. Eine gute Universalerde kann für alle Gemüsearten verwendet werden. Genauso gut geeignet ist eine Gemüse- und Tomatenerde oder eine Balkon- und Geranienerde. Diese Erden enhalten viele Nährstoffe und müssen erst nach sechs bis acht Wochen, manchmal sogar erst nach drei Monaten, nachgedüngt werden. Eine Spezialerde ist allerdings für Kräuter und Aussaaten unbedingt empfehlenswert. Sie enthält weniger Nährstoffe und hat eine feinere Struktur, was den Ansprüchen dieser Pflanzen besser entspricht.

Erde aufbereiten

Für den Anbau von Gemüse in Gefäßen braucht man eine Menge Erde. Es ist aber nicht nötig, das komplette Substrat jedes Jahr zu ersetzen. Gerade in großen Gefäßen ist die Erde nach einer Saison nicht vollständig durchwurzelt. Lockern Sie die Erde im nächsten Jahr mit den Händen oder einer kleinen Schaufel, mischen etwas organischen Dünger unter und füllen das Gefäß mit frischer Erde auf. Setzen Sie nicht die gleichen Pflanzen wie im Vorjahr in die »gebrauchte« Erde, sondern lieber einen Vertreter einer anderen Pflanzenfamilie.

✸ Noch nicht komplett durchwurzelte Erde kann man aufdüngen und weiterverwenden.

Salate und frühes Gemüse

Anfang bis Mitte April, wenn die Tage deutlich länger werden und die ärgsten Fröste vorüber sind, fällt auch auf Balkon und Terrasse der Startschuss für frühes Gemüse. Im Gartencenter sind bereits die ersten Jungpflanzen erhältlich, Sie bekommen verschiedene Sorten Steckzwiebeln und können zudem z. B. schon Möhren, Radieschen und verschiedene Salate oder Spinat aussäen. Auf dem Balkon und der Terrasse am Haus stehen die Pflanzen relativ geschützt, sodass leichter Bodenfrost ihnen nichts anhaben kann. Gehen die Temperaturen weit unter den Gefrierpunkt, decken Sie Ihre Gemüsekisten mit einem Vlies ab.

In kleinen Gefäßen steht nur eine Gemüseart. In den großen Holzkisten mit einem Innenmaß von 45 × 30 cm oder mehr stehen die frühen Gemüse als Mischkultur. Mögliche Kombinationen finden Sie auch im Anhang ab S. 134.

Vorgezogene Pflanzen

Jungpflanzen von Kohlrabi, Kopf- und Pflücksalat können Sie ab Anfang April zukaufen, oder Sie haben selbst Pflanzen vorgezogen. Achten Sie bei der eigenen Anzucht auf frühe, kältetolerante Sorten, die im Frühjahr deutlich besser wachsen, als Sorten für den späteren Anbau.

Mischkultur Salat und Kohlrabi

Frühe Salate und Kohlrabi können zusammen in eine Kiste gepflanzt werden. Die Kohlrabiblätter stehen über den Salatpflanzen und behindern ihn nicht. Der Salat wird laufend beerntet, so dass er die größer werdenden Kohlrabiknollen nicht im Wachstum beeinträchtigt. Sollte sich der Kohlrabi zu sehr ausbreiten, können Sie die unteren Blätter abschneiden und z. B. in einem grünen Smoothie mitverarbeiten.

❋ Kohlrabi und Pflücksalat können zusammen in eine Kiste gepflanzt werden.

❋ 'Ovired' kann jung geschnitten werden. Später bildet er kleine, längliche Köpfe.

Aussaaten

Asia-Salate, Rucola und 'Ovired', ein feldsalat-
artiger Romanasalat können vom Frühjahr
bis zum Spätsommer in aufeinander folgenden
Sätzen angebaut werden. Werden sie Anfang
April in einem Balkonkasten ausgesät, machen
sie Ende Mai Platz für Folgekulturen oder
Balkonblumen. Schneiden Sie die Salate einige
Zentimeter über der Erde ab, wachsen sie noch
einmal nach. Spinat, in einer Kiste ausgesät,
treibt rasch Blätter, die im Salat sehr schmack-
haft sind.

Mischkultur Erbsen und Radieschen

In einer größeren Kiste können Sie Erbsen mit
Radieschen kombinieren. Säen Sie in der Mitte
eine Doppelreihe Erbsen aus, legen Sie die
Erbsen im Abstand von 5 cm auf die Erde und
drücken Sie sie mit dem Finger etwa 3 cm tief
hinein. Rechts und links am Kistenrand ist Platz
für je eine Reihe Radieschen, die abgeerntet ist,
wenn die Erbsen mehr Platz brauchen.

Frühes Gemüse für Aussaat oder Pflanzung ab Anfang April	
Gemüseart	**Bemerkung**
Asia-Salat	Aussaat in Reihen, z. B. im Balkonkasten
Erbsen	Aussaat in einer Doppelreihe, dazwischen Rankhilfen stecken
Kohlrabi	weiße und blaue Sorten als vorgezogene Jungpflanzen setzen
Kopfsalat	vorgezogene Jungpflanzen setzen
Möhren	Aussaat, als Saatband vorteilhaft
Pflücksalat	vorgezogene Jungpflanzen setzen, immer die äußeren Blätter oder als Kopf ernten
Radieschen	Aussaat, lassen sich gut mit Erbsen kombinieren
Rucola	breitwürfig oder in Reihen säen, z. B. in einem Balkonkasten
Spinat	Aussaat, auch rotstielige Sorten erhältlich, schmeckt auch im Salat
Steckzwiebeln	werden in Reihen gesteckt, lassen sich gut mit Möhren kombinieren

✽ Die Radieschen sind nach sechs bis acht Wochen
erntereif und machen Platz für die Erbsen.

✽ Spinat wächst auch in einer Kiste schnell heran.
Die jungen Blätter schmecken auch im Salat.

Champignons selbst anbauen

Interessant zu beobachten und in der Küche passend zu Salaten und frühem Gemüse: die eigene Champignonzucht. Man unterscheidet zwischen weißen Champignons und Steinchampignons, die noch aromatischer schmecken als die weißen. Pilze sind reich an Vitaminen und Spurenelementen, sie verlieren allerdings bei der Lagerung schnell an Aroma. Darum sind Pilze aus eigenem Anbau, die frisch verzehrt werden, viel geschmacksintensiver als gekaufte.

Pilze sind keine Pflanzen im herkömmlichen Sinn. Ihnen fehlt das Blattgrün. Sie betreiben keine Photosynthese und sind somit nicht auf Sonnenlicht angewiesen. Für einen geeigneten Standort sind nicht die Lichtverhältnisse ausschlaggebend, sondern die Temperatur. Champignons benötigen einen kühlen Platz, es darf nicht wärmer als 19 °C sein, denn dann wachsen die Pilze nicht. Optimal ist eine Temperatur von 12 °C bis 18 °C. Ist es kälter, wachsen die Pilze langsamer.

Erste Erfahrungen im Pilzanbau können Sie leicht mit einer Champignon-Fertigkultur sammeln, die einfach anzulegen und zu pflegen ist.

Champignonkultur anlegen

Eine Champignon-Fertigkultur können Sie bei Pilzzüchtern in verschiedenen Größen bestellen (Bezugsquellen S. 138). Sie bekommen die Pilzkultur direkt nach Hause geliefert und können gleich loslegen. Der Kultur schadet es aber auch nicht, wenn Sie ein paar Tage warten. Bei Zimmertemperatur ist sie bis zu zwei Wochen haltbar. Der Karton, in dem die Fertigkultur verpackt ist, wird mit wenigen Handgriffen in eine Pilzzuchtbox umgewandelt. Die Fertigkultur besteht

❋ Das Champignonsubstrat bleibt im Karton, lediglich die Folie wird aufgeschnitten.

❋ Das Substrat wird mit der mitgelieferten Erde feinkrümelig abgedeckt.

aus einem Substrat, das von einem weiß-gelblichen Pilzgeflecht durchzogen ist. Das Substrat ist in eine Folie gehüllt, die erst geöffnet wird, wenn Sie die Kultur anlegen wollen. Schneiden Sie die Folie bis auf die Höhe des Substrats zurück. Im Karton finden Sie einen weiteren Folienbeutel, in dem die Deckerde für das Champignonsubstrat enthalten ist. Krümeln Sie die handfeuchte Erde möglichst fein über das Pilzsubstrat. Die Deckerde soll nur locker aufliegen, nicht angedrückt werden. Da Champignons für das Wachstum eine hohe Luftfeuchtigkeit benötigen, ziehen Sie zum Schluss die mitgelieferte Folienhaube über den Karton.

Champignonkultur pflegen

Viel zu tun gibt es bei der Pflege der Kultur nicht. Achten Sie auf die richtige Temperatur, nehmen Sie die Folie regelmäßig zum Lüften ab und besprühen Sie die Deckerde hin und wieder mit Wasser. Ist die Erde zu trocken, kann das Pilzgeflecht nicht einwachsen. Sprühen Sie lieber öfter, aber nicht zu viel, damit die Erde nicht verschlämmt. Wachsen die ersten Pilzfruchtkörper, stellen Sie das Sprühen vorübergehend ein, denn kleine Pilze vertragen das Wasser nicht.

Champignons ernten

Zwei bis drei Wochen nachdem Sie die Deckerde aufgelegt haben, können Sie die ersten Champignons ernten. Sie schmecken am besten, wenn der Hut an der Unterseite leicht geöffnet ist. Drehen Sie die Pilze vorsichtig heraus, damit Sie die nachwachsenden nicht beschädigen. Sind die Pilze der ersten Erntewelle abgeerntet, besprühen Sie das Substrat nach und nach mit knapp 0,5 l Wasser und pflegen sie wie oben beschrieben. Nach weiteren 14 Tagen können Sie mit einer zweiten Erntewelle rechnen, auf die eventuell noch eine dritte erfolgt.

● Die Kultur wird mit einer Folienhaube abgedeckt, unter der die Luftfeuchtigkeit optimal ist.

● Die erste Erntewelle ist abgeebbt. Unter guten Bedingungen kommen weitere nach.

Weiteres Gemüse in Kisten und Töpfen

Einige Gemüsearten können erst spät im Jahr ins Freie gesät oder gepflanzt werden. Dafür gibt es mehrere Gründe:

Wärmebedürftige Gemüsearten werden erst gesät oder gepflanzt, wenn es keine Spätfröste mehr gibt. Oft ist Anfang bis Mitte Mai noch mit einer kühlen Wetterperiode mit Nachtfrösten zu rechnen. Am 15. Mai sind die sogenannten »Eisheiligen« in der Regel vorbei. Vorgezogene Tomaten-, Paprika-, Gurken- und Zucchinipflanzen können jetzt nach draußen gepflanzt werden. Buschbohnen gehören ebenfalls zu den Pflanzen, die Wärme zum Wachsen brauchen. Sie können ab Mitte Mai direkt in große Gefäße ausgesät werden.

Ein anderer Grund für einen späteren Kulturbeginn ist die Tageslänge. Feldsalat z. B. würde im Sommer während der langen Tage sofort Blüten ansetzen und nur wenige Blätter bilden. Man sät ihn daher erst ab Ende Juli. Auch der Endiviensalat zählt zu den Langtagspflanzen, die blühen, wenn die Tage lang sind, daher sollten sie nicht vor Ende Juli ausgepflanzt werden.

Vorgezogene Pflanzen

Neben Tomaten und Paprika können ab Mitte Mai vorgezogene Gurken und Zucchini auf dem Balkon oder der Terrasse gepflanzt werden. Gurken sind Kletterpflanzen und benötigen ein Rankgitter. Sie brauchen einen warmen, sonnigen und windgeschützten Platz. Zucchini sind Starkzehrer und brauchen viel Platz in einer guten, aufgedüngten Erde. Weitere Gemüse, die als Jungpflanzen gesetzt werden, sind Mangold, Knollenfenchel und später der Endiviensalat. Kopf- und Pflücksalate können Sie ebenfalls den ganzen Sommer als Jungpflanzen kaufen.

❋ Die bunten Stängel der Mangoldsorte 'Bright Lights' sind sehr dekorativ.

❋ Die Snackgurke 'Iznik' wird geerntet, wenn die Früchte ca. 12 bis 15 cm lang sind.

Aussaaten

Von einigen der im Frühjahr schon ausgesäten
Salate kann im Sommer ein weiterer Satz ange-
baut werden. Dazu zählen Rucola, die
Asia-Salate und der feldsalatblättrige 'Ovired'.
Ein besseres Wachstum erreichen Sie, wenn
Sie nicht in der gleichen Erde nachsäen.
Sie können zwar die Erde weiter verwenden,
aber besser für ein Gemüse einer anderen
Pflanzenfamilie.
So können Rucola und Asia-Salat z. B. auf Spinat,
Pflücksalat oder dem feldsalatblättrigen
'Ovired' folgen. Ein weiterer Satz Pflück- oder
Kopfsalat kann in den zuvor mit Rucola und
Asia-Salat bestückten Kisten angebaut werden.
Hinzu kommt ab Mitte Mai der Schnittmangold.
Die Sorte 'Charlie' kann jung geerntet im Salat
verwendet werden. Mangold kann nach allen
Salaten, aber nicht nach Spinat im gleichen
Gefäß gesät werden. Informationen zu der
Familienzugehörigkeit der Gemüsearten finden
Sie im Anhang ab S. 134.

Spätere Gemüsearten für Aussaat und Pflanzung ab Mitte Mai oder später	
Gemüseart	Bemerkung
Buschbohnen	lassen sich gut mit Bohnenkraut kombinieren
Endivien	leicht bitter schmeckender Salat, Pflanzung ab Mitte Juli
Feldsalat	Aussaat ab Mitte Juli
Gurken	brauchen einen sonnigen, war- men und windgeschützten Platz
Knollenfenchel	schossfeste Sorte wählen
Mangold	die Sorte 'Bright Lights' hat bunte Stiele
Paprika	Snackpaprika hat die besten Chancen im Freien reif zu werden
Rote Bete	wächst völlig unkompliziert in Kisten
Tomaten	stehen am besten unter einem Dach
Zucchini	brauchen ein großes Gefäß, viel Wasser und ausreichend Nährstoffe

● Knollenfenchel »schießt«, wenn er zu kalt oder zu
trocken steht.

● Zucchinis haben männliche und weibliche Blüten.
Nur die weiblichen bilden Früchte.

Tomaten und Paprika in Pflanztaschen

Tomaten

An sonnengereifte Tomaten denkt man sofort, will man eigenes Gemüse anbauen. Zu Recht. Eigene Tomaten haben keine langen Transportwege und können bis zur Vollreife an der Pflanze bleiben. Das macht sich im Aroma deutlich bemerkbar.

Tomaten pflanzen

Tomaten haben einen hohen Wasser- und Nährstoffbedarf. Setzen Sie die Pflanzen daher in ein großes Gefäß mit mindestens 15 l Fassungsvermögen. Verwenden Sie eine gute, aufgedüngte Gemüseerde. Tomatenpflanzen setzt man etwas tiefer als sie vorher im Topf standen. Sie bilden dann am Stamm weitere Wurzeln aus. Tomatenpflanzen müssen gestützt werden. Verwenden Sie dafür Stäbe oder lassen die Pflanze an einer Schnur empor wachsen. Geben Sie Tomatenpflanzen möglichst einen sonnigen Platz unter einer Überdachung, so sind sie bestens vor Krautfäule geschützt.

Tomaten pflegen

Viele Tomatensorten werden eintriebig gezogen. Das bedeutet, dass Seitentriebe regelmäßig ausgebrochen werden müssen. Bei Wildtomaten und auch bei Cocktailtomaten ist das nicht unbedingt nötig. Es reicht, wenn Sie diese Pflanzen hin und wieder auslichten. Dabei schneiden Sie einfach störende Triebe zurück. Trotz der aufgedüngten Erde müssen Tomaten ab der sechsten Woche nach der Pflanzung regelmäßig mit einem Flüssigdünger nachgedüngt werden. Achten Sie beim Gießen darauf, dass die Tomatenblätter nicht nass werden. Gießen Sie regelmäßig und reichlich.

✽ In der Pflanztasche sind drei Stützstäbe vorgesehen. Eine Tomatenpflanze hätte jedoch gereicht.

✽ Wildtomaten sind nicht größer als Süßkirschen – ihr Aroma ist unschlagbar.

Tomaten ernten

Tomaten beginnen im Juli an den unteren Rispen zu reifen. Sie werden nach und nach gepflückt, sobald die Früchte rot sind. Sind im Herbst noch grüne Tomaten an der Pflanze, können sie zum Nachreifen an einen dunklen, aber warmen Platz gelegt werden.

Paprika

Paprika sind noch wärmebedürftiger als Tomaten. Ausgereifte Blockpaprika wachsen auf dem Balkon nur in außergewöhnlich heißen und sonnigen Sommermonaten heran. Leichter gelingen die etwas kleineren Snackpaprika oder die spitzen Gemüsepaprika.

Paprika pflanzen

Wie Tomaten gehören auch Paprikapflanzen zu den Starkzehrern. Die Pflanzen werden nicht so groß wie Tomaten, daher reicht ein etwa 10 l fassender Topf oder Pflanzsack, den sie mit einer guten Gemüseerde füllen. Paprika können mit Kräutern wie Basilikum unterpflanzt werden. Stellen Sie die Töpfe an einen warmen, sonnigen und windgeschützten Platz.

Paprika pflegen

Entfernen Sie an der Pflanzenspitze die erste Blüte, die so genannte Königsblüte. Paprika-pflanzen verzweigen sich dann besser. Sobald die ersten Früchte zu sehen sind, müssen die Triebe mit einem Stab gestützt werden. Gegossen wird anfangs mäßig, ab der Fruchtbildung jedoch reichlich. Düngen Sie ab der sechsten Woche nach der Planzung wöchentlich mit einem Flüssigdünger nach.

Paprika ernten

Am besten schmecken voll ausgereifte Früchte, die je nach Sorte gelb, rot oder orange sind. Auch Paprika reifen nach und nach von unten nach oben.

● Paprikapflanzen können ab Mitte Mai draußen auf dem Balkon gepflanzt werden.

● Die orangefarbene Snackpaprika hat viele Früchte angesetzt.

Kartoffeln in Säcken

Kartoffeln lassen sich prima in einem großen Gefäß anbauen. Sie wachsen in kurzer Zeit zu einer beeindruckenden Pflanze heran. Vorgekeimte Kartoffeln brauchen etwa 100 Tage bis das Kartoffellaub gelb wird und langsam abstirbt: Jetzt kann geerntet werden. Die ersten Frühkartoffeln können jedoch schon gleich nach der Blütezeit ausgebuddelt werden.

Gefäße, Erde und Saatkartoffeln

Für den Kartoffelanbau auf dem Balkon benötigen Sie Gefäße, Erde und Saatkartoffeln. Die Gefäße sollten ein Fassungsvermögen von mindestens 15 l und Abzugslöcher im Boden haben. Kartoffeln sind sehr empfindlich gegenüber Staunässe. Pflanzsäcke sind besonders geeignet, denn ihre Größe lässt sich an die Höhe der Kartoffelpflanzen anpassen, sodass diese immer ausreichend Licht bekommen. Kartoffeln haben einen hohen Nährstoffbedarf. Verwenden Sie eine gute, aufgedüngte Gemüseerde. Damit die Erde locker bleibt, kann sie mit etwas Sand gestreckt werden.

Für die Pflanzung können Sie sortenreine Saatkartoffeln verwenden oder normale Speisekartoffeln aus dem Bioanbau, die nicht, wie die konventionell angebauten Knollen, mit keimhemmenden Mitteln behandelt sind.

Kartoffeln vorkeimen

Durch das Vorkeimen können Sie den Kartoffeln einen kleinen Wachstumsvorsprung verschaffen. Stellen Sie Mitte März einige mittelgroße Kartof-

✿ Die Saatkartoffeln legen Sie mit den Keimen nach oben auf die unterste Erdschicht.

✿ Jedes Mal, wenn die Pflanzen 10 cm aus der Erde schauen, wird wieder Erde nachgefüllt.

feln mit der Spitze nach oben in einen Eierkarton. Stellen Sie diesen bei 12 bis 15 °C an einen hellen Platz. Nach etwa vier Wochen haben sich an jeder Knolle mehrere 1 bis 2 cm lange, kräftige Triebe entwickelt. Stehen die Kartoffeln zu warm oder zu dunkel, sind die Keime sehr lang und dünn. Sie brechen leicht beim Pflanzen. Haben Sie keinen guten Platz zum Vorkeimen, pflanzen Sie die Kartoffeln besser direkt.

Kartoffeln pflanzen

Mitte April können die Kartoffeln ausgepflanzt werden. Krempeln Sie den Pflanzsack auf die halbe Höhe herunter und füllen Sie eine 15 cm dicke Schicht Erde hinein. Darauf legen Sie drei vorgekeimte Kartoffeln und bedecken sie mit einer etwa 10 cm hohen Erdschicht. Gießen Sie die Kartoffeln gut an und halten Sie den Sack gleichmäßig feucht. Sobald die grünen Triebe der Kartoffeln eine Höhe von etwa 10 bis 15 cm

erreicht haben, füllen Sie so viel Erde nach, dass nur noch die Blattspitzen herausschauen. Krempeln Sie außerdem den Pflanzsack entsprechend höher. Wiederholen Sie diesen Vorgang so oft, bis der Sack bis oben gefüllt ist. Es bilden sich mehrere Lagen neuer Kartoffeln. Jetzt müssen Sie nur noch abwarten und gießen. Beginnt das Kartoffellaub zu welken, wird geerntet.

Kartoffeln ernten

Gießen Sie die Kartoffeln einige Tage vor der Ernte nicht mehr, dann klebt die Erde nicht und das Ausbuddeln geht leichter. Zum Ernten werden die Kartoffelpflanzen einfach aus dem Sack gezogen. Schütteln Sie die Erde über einer ausgebreiteten Zeitung oder einer Folie heraus und lassen Sie sich überraschen. Die Knollen müssen nur noch eingesammelt werden. Aus einem Kartoffelsack mit 40 l Erde können Sie mit einer Ernte von etwa 2,5 kg rechnen.

❋ Die Kartoffeln haben sich zu einer stattlichen Kübelpflanze entwickelt.

❋ Überraschung: Die rotschalige Sorte 'Cheyenne' hat sich gut vermehrt.

Kräuter in Kisten und Töpfen

Für die Zubereitung von Soßen, Dips, Salaten und Quark sind Kräuter unentbehrlich. Durch ihren intensiven Geschmack geben sie den Speisen die richtige Würze. Kräuter haben jede Menge Vitamine und Mineralstoffe, die für eine gesunde Ernährung wichtig sind. Je frischer die Kräuter sind, desto besser bleiben die Vitalstoffe erhalten. Kräuter auf dem Balkon zu haben, ist sehr praktisch: Der Weg aus der Küche ist kurz, so dass man die gesunden, würzenden Zutaten schnell zur Hand hat.

Kräuter sind nicht nur eine Bereicherung für die Küche, sondern auch für die Sinne. Blätter und Blüten der Kräuter enthalten duftende ätherische Öle, die wohltuend für den Körper sind. Die Blüten der Kräuter ziehen Insekten an. So können Sie Bienen, Hummeln und Schmetterlinge an den Pflanzen beobachten. Ein Kräutergarten auf der Terrasse ist einfach anzulegen.

Kräuter einpflanzen

Kräuterpflanzen können Sie einzeln in Töpfe setzen oder gemeinschaftlich in größeren Gefäßen zusammenpflanzen. Manche Kräuter bilden auch gute Gemeinschaften mit Gemüsepflanzen. So gedeihen Bohnen und Bohnenkraut bestens zusammen. Dill und Möhren sind ebenfalls ein gutes Paar, genauso wie Basilikum mit Tomate oder Paprika gut zusammen wächst. Achten Sie darauf, dass Sie nur Pflanzen mit den gleichen Ansprüchen in ein Gefäß setzen. So können Sie z. B. eine Kiste mit mediterranen Kräutern wie Salbei, Rosmarin und Thymian bepflanzen und in eine zweite Kiste Küchenkräuter wie Petersilie, Schnittlauch und Dill setzen. Das Basilikum ist zwar auch ein mediterraner Vertreter, passt von den Ansprüchen bezüglich der Wasser- und Nährstoffversorgung

❁ Minzen duften herrlich. Aus den frischen Blättern lässt sich Tee zubereiten.

❁ Schnittlauch und Petersilie sind die am häufigsten verwendeten Kräuter.

aber besser zu den Küchenkräutern. Melisse und Minze neigen zum Wuchern. Diese Kräuter stehen besser einzeln in einem großen Topf.

Kräutererde

Mediterrane Kräuter pflanzen Sie am besten in eine spezielle Kräutererde. Sie ist genauso beschaffen wie eine Anzuchterde, denn Vertreter dieser Kräutergruppe benötigen nur wenig Dünger. Der Nährstoffbedarf der Küchenkräuter ist dagegen höher. Sie kommen am besten mit einer normalen Blumenerde zurecht.

Kräuterpflanzen

Um Kräuterpflanzen zu beschaffen, gibt es verschiedene Möglichkeiten. Sie können viele Pflanzen selbst anziehen. Einjährige Kräuter, wie Kerbel, Blattkoriander, Basilikum, Bohnenkraut und auch die zweijährige Petersilie, säen Sie aus. Mehrjährige Pflanzen wie Rosmarin, Salbei, Thymian und Minze werden durch Kopfstecklinge vermehrt. Beide Anzuchtmethoden

sind auf S. 100 bis 105 beschrieben. Fertige Kräuter können Sie auch kaufen. Pflanzen aus dem Supermarkt müssen sofort eingepflanzt werden, denn im gekauften Topf sind oft mehr Wurzeln als Erde. Sicherer gedeihen jedoch Pflanzen aus dem Gartencenter, die speziell für die Weiterkultur angezogen werden.

Kräuter überwintern

Eine Überwinterung kommt nur für die mehrjährigen Pflanzen in Frage. Am sichersten geht das in einem kühlen, aber hellen Raum, in dem Sie die Pflanzen über Winter aufstellen und sparsam gießen. Steht so ein Raum, wie so oft, nicht zur Verfügung, bleiben die Töpfe draußen. Stellen Sie sie dicht an die Hauswand. Einzeltöpfe kommen in eine große Kiste, die sie mit Laub ausstopfen. An frostfreien Tagen gießen Sie die Kräuter ein wenig. So geschützt, werden die meisten Pflanzen den Winter überstehen.

✿ Basilikum gedeiht im Topf besser als im Beet. Hier ist es gut vor Schnecken geschützt.

✿ Mediterrane Kräuter wie Rosmarin, Lavendel und Thymian brauchen einen sonnigen Platz.

Obst in Gefäßen

Körbeweise Früchte werden Sie auf dem Balkon nicht ernten können, aber zum Naschen reicht es allemal. Von vielen Obstarten gibt es inzwischen kleinbleibende Züchtungen, die sich für den Anbau im Kübel eignen. Sogar spezielle Obstbäume für Pflanzkübel sind erhältlich. Allerdings ist der Pflege- und Schnittaufwand für dieses so genannte Säulenobst sehr hoch. Einfacher kann man z. B. Beerenobst und Erdbeeren auf dem Balkon ziehen. Selbst von dem robusten Rhabarber gibt es eine Züchtung für den Topf, und wer mag, kann es auch mit der einfach heranzuziehenden Ananaskirsche, einem Physalisgewächs, versuchen. Obstpflanzen brauchen in der Regel einen sonnigen Platz auf dem Balkon. Eine Ausnahme bildet der Rhabarber, der es lieber halbschattig hat. Auch Stachelbeeren kommen noch mit halbschattigen Standorten klar.

Erdbeeren

Erdbeerpflanzen werden im Frühjahr und noch einmal im Juli und August angeboten. Die Frühjahrspflanzen tragen schon im ersten Jahr einige wenige Früchte, die Sommerpflanzen sind für die Ernte im nächsten Jahr gedacht. Insgesamt können die Pflanzen drei Jahre lang beerntet werden, danach nimmt der Ertrag ab. Setzen Sie die Erdbeerpflanzen in eine gute Gemüseerde, so müssen Sie erst nach der Ernte nachdüngen. Die besten Früchte reifen in der Sonne. Erdbeeren brauchen viel Wasser. Zum Naschen sind Sorten, die bis zum Frost Früchte tragen, wie 'Ostara' und 'Mara des Bois' besonders beliebt. Nach der Ernte schneiden Sie die Erdbeerpflanzen bis auf das Herz zurück. Sie treiben dann noch einmal durch und gehen mit gesunden Blättern in den Winter.

✱ Die Ananaskirsche ist einfach zu ziehen und schmeckt köstlich.

✱ Vom Topfrhabarber kann im Jahr nach der Pflanzung das erste Mal geerntet werden.

Beerenobst

Johannisbeeren und Stachelbeeren werden auch als Hochstämmchen angeboten. Die Pflanzen sind sehr dekorativ und können noch mit Erdbeeren oder Kräutern unterpflanzt werden. Prädestiniert für den Anbau im Kübel sind Kulturheidelbeeren. Die Moorbeetpflanze braucht einen sauren Boden, den sie im Garten meistens nicht bekommt. Verwenden Sie im Kübel Rhododendronerde, die speziell für Moorbeetpflanzen zusammengesetzt ist. Gießen Sie Heidelbeeren nur mit Regenwasser, Leitungswasser ist zu kalkhaltig und würde das saure Milieu schnell wieder zerstören.

Rhabarber

Rhabarber wird in vielen Gartenbüchern dem Gemüse zugeordnet. Er wird aber in der Küche wie Obst verwendet. Rhabarber steht am besten auf einer nach Osten ausgerichteten Terrasse. Die Pflanze braucht einen großen Topf und muss, solange die großen Blätter vorhanden sind, viel gewässert werden. Rhabarber ist eine Staude, die von Jahr zu Jahr kräftiger wird. Im dritten Standjahr wird die Pflanze im Herbst geteilt und in frische Erde gesetzt. Im Winter ziehen die Rhabarberblätter ein.

Ananaskirsche

Die einjährige Ananaskirsche ist der bekannteren Andenbeere sehr ähnlich. Beide gehören der Gattung *Physalis* an, deren Früchte in kleinen Lampions heranreifen. Die Ananaskirsche wird nur etwa 60 bis 80 cm hoch. Ihre Früchte reifen eher als die der Andenbeere, sodass sie auch in unserem Klima sicher reif werden. Ananaskirschen lassen sich leicht aus Samen heranziehen. Die Pflanzen werden ab Anfang März auf der Fensterbank vorgezogen.

✱ Johannisbeeren sind vor allem als Hochstämmchen eine Zierde auf dem Balkon.

✱ Heidelbeeren wachsen gut in einem großen Kübel mit einer Spezialerde.

Terrassenbeet für Kinder

Leben Sie mit Kindern in einer Stadtwohnung ohne Garten, ist das Anziehen von Gemüse, Kräutern und Obst auf dem Balkon nicht nur mit Spaß, sondern auch mit einem zusätzlichen Lernerfolg verbunden. Stadtkinder kennen Obst und Gemüse oft nur aus dem Supermarkt. Sie wissen nicht, wie Möhren wachsen, wie Erbsen frisch aus der Hülse schmecken und auch nicht, dass es Mühe macht, gesundes Gemüse zu produzieren. Lassen Sie Ihre Kinder teilhaben, säen und ernten Sie gemeinsam. Die Wertschätzung für gesundes Gemüse wird sicherlich steigen.

Gemüse für Kinder

Kinder können noch nicht so weit im Voraus denken. Dass frisches Gemüse gesund ist, beeindruckt sie nicht sonderlich. Sie brauchen ein direktes Erfolgserlebnis, um bei der Sache zu bleiben. Bauen Sie Gemüse an, das schnell wächst, direkt vom Beet genascht werden kann oder etwas besonderes bietet, wie die schwarzen Bohnen, die beim Kochen grün werden. Auch Kräuter sind interessant, weil sie duften und frisch verwendet werden können. Ein Butterbrot mit Kresse oder Schnittlauch mögen die meisten Kinder. Aus frischer Minze und Zitronenmelisse kann Tee zubereitet werden.

Karottentasche

Möhren wachsen am besten in einem tiefen Gefäß. Die 30 cm tiefe Karottentasche ist ideal. Füllen Sie die Tasche bis etwa 4 cm unter den Rand mit Gemüseerde. Ziehen Sie mit dem Stiel einer Handschaufel zwei Rillen in die Erde.

❋ In der orangen Karottentasche ist Platz genug für schöne, lange Möhren.

❋ Erstaunlich, wie viele Möhren in der Tasche gewachsen sind. Da macht die Ernte Spaß.

Streuen Sie die feinen Möhrensamen nur dünn in die Rillen. Schieben Sie die Rillen wieder zu und gießen Sie die Aussaat mit einer feinen Brause an. Zwischen die Möhrenreihen können Sie einige Zwiebeln stecken.

Sind die Möhrenpflänzchen ca. 5 cm hoch, werden die Reihen ausgelichtet. Ziehen Sie schwache Pflänzchen aus, so dass etwa alle 2 cm eine kräftige Möhre stehen bleibt. Die ausgezogenen Möhren können Sie mitsamt dem Grün in der Küche verwenden. Spülen Sie die Pflanzen ab und schneiden Sie sie klein wie Kräuter. Sie schmecken auf einem Brot mit Butter, in einem Kräuterquark oder im Salat. Etwa vier Monate nach der Aussaat sind die Möhren fertig und können nach und nach geerntet werden.

Bohnenkiste

Bohnen können zwar nicht roh gegessen werden, sind aber dennoch interessant, weil es besondere Sorten gibt. Unter den Buschbohnen finden Sie Sorten mit grünen, gelben und schwarzen Hülsen. Mit Feuerbohnen können Sie rasant schnell eine Wand begrünen. Sie brauchen allerdings eine Kletterhilfe, z. B. einen an der Wand befestigten Maschendraht.

Bohnen sind kälteempfindlich und dürfen erst ab Mitte Mai nach draußen. Sie können aber schon ab Ende April Pflänzchen auf der Fensterbank vorziehen.

Für den Bohnenanbau füllen Sie eine große Kiste mit Gemüseerde. Pflanzen sie die vorgezogenen Pflänzchen rechts und links mit einem Abstand von 5 cm an den Rand der Kiste. In der Kistenmitte haben noch zwei vorgezogene Pflanzen des einjährigen Bohnenkrauts Platz. Für die Feuerbohnen stellen Sie ein großes Pflanzgefäß direkt unter die an der Wand befestigte Rankhilfe. Pflanzen oder säen Sie die Bohnen im Abstand von 5 cm. Besonders blütenreich wird die Wandbegrünung, wenn Sie Prunkwinde dazwischen setzen.

● Zauberbohnen: Die Sorte 'Purple Teepee' hat schwarze Hülsen, die beim Kochen grün werden.

● Kräuter gedeihen sehr gut im Topf und faszinieren durch ihren Duft.

Eigene Anzucht
der Pflanzen

Grundsätzliches zur eigenen Anzucht

Vorgezogene Jungpflanzen für Ihre Garten-
projekte können Sie ganz bequem auf dem
Wochenmarkt oder im Gartencenter kaufen. Es
macht aber viel mehr Spaß, die Pflanzen selbst
heranzuziehen. Es macht glücklich und stolz,
den gesamten Lebenszyklus einer Gemüse-
oder Salatpflanze von der Aussaat bis zur Ernte,
mit den eigenen Händen zu begleiten. Der
ideelle Wert Ihrer eigenen Ernte steigt mit jeder
Minute, die Sie in das Wachsen und Gedeihen
der Pflanzen investiert haben. Auch für Kinder
ist das Heranziehen der kleinen Pflänzchen ein
besonderes Erlebnis. Die Entwicklung eines
Sämlings aus einem Samenkorn lässt sie staunen. Und: Ein selbst angezogener, gepflanzter
und geernteter Salat schmeckt garantiert.
Neben dem Spaß, dem Staunen und dem
Gefühl von Stolz bietet die eigene Anzucht
weitere Vorteile, wie eine größere Sortenvielfalt.

✳ Beim Saatgut lässt es sich aus dem Vollen schöpfen:
Die Auswahl ist riesengroß.

Größere Vielfalt

Im Samentütenregal eines Gartencenters ist die
Auswahl an Gemüsearten um ein Vielfaches
größer als auf dem Jungpflanzentisch. Möchten
Sie neben den Standardgemüsearten wie Kohl,
Salat oder Lauch auch seltener gefragtes Gemüse
wie Rote Bete oder Stangensellerie anbauen,
suchen Sie in der Regel vergeblich nach fertigen
Jungpflanzen. Da bleibt nur die eigene Anzucht.

Größere Auswahl an Sorten

In der Pflanzenwelt wird nicht nur zwischen verschiedenen Pflanzenarten unterschieden. Auch
innerhalb einer Art gibt es Unterschiede: Kohlrabi z. B. ist nicht gleich Kohlrabi. Es gibt blaue
Sorten und weiße, kältetolerante für den frühen
Anbau sowie Sorten für den Anbau im Sommer.
Jede Gemüseart wird züchterisch bearbeitet.
Pflanzen mit besonderen, erwünschten Merkmalen werden gezielt weiter vermehrt. Dabei
werden unterschiedliche Schwerpunkte gesetzt.
Manche Sorten sind auf Ertrag gezüchtet, andere
wiederum auf Geschmack. Eine große Rolle
spielt auch die Widerstandsfähigkeit gegenüber
Krankheiten und Schädlingen. Beim Zukauf von
Jungpflanzen bekommen Sie keine Sorteninfor-
mationen, bei der eigenen Anzucht können Sie
eine Auswahl treffen. In Katalogen und im Internet finden Sie ausführliche Sortenbeschreibungen. Z. B. stellt die Bayerische Gartenakademie
dort eine Liste mit empfehlenswerten »Gemü-
sesorten für den Freizeitgärtner« zur Verfügung.

Gemüse anziehen

Einige Gemüsepflanzen müssen, andere können unter unseren Klimabedingungen vorgezogen werden. Schließlich gibt es auch Pflanzen, für die eine Vorkultur nachteilig ist und daher direkt an Ort und Stelle ausgesät werden.

Direktaussaat

Als grobe Regel kann man sich merken, dass alle Gemüsepflanzen, deren unterirdische Teile verspeist werden, direkt ins Beet gesät werden. Zu diesen Pflanzenarten gehören Möhren, Pastinaken, Rettiche und Radieschen. Auch die Kartoffel wird direkt ins Beet gelegt. Vorteilhaft ist es aber, sie vorkeimen zu lassen (siehe S. 82). Weiterhin ist bei allen schnell wachsenden Gemüsearten eine Direktaussaat üblich. Zu den schnellwachsenden Arten gehören viele Salate wie Schnittsalat, Rucola, Asia-Salat sowie Spinat, Erbsen und Bohnen.

Vorkultur

Alle wärmeliebenden Gemüse mit einer langen Kulturdauer müssen vorgezogen werden. Die warmen Sommermonate sind bei uns für eine Entwicklung vom Samenkorn bis zur Fruchtreife zu kurz. Zu diesen Arten zählen Paprika, Tomaten, Auberginen und Schlangengurken. Lauch und Sellerie haben zwar keinen hohen Anspruch an die Temperatur, aber dennoch eine lange Kulturzeit und werden daher auch als Jungpflanze ins Beet gesetzt.
Daneben gibt es Gemüsearten, die im zeitigen, noch kühlen Frühjahr, vorkultiviert werden, später aber auch direkt gesät werden können. Dazu zählen z. B. Kohlrabi, Pflücksalate und Kopfsalate. Es spricht aber auch nichts dagegen,

sie das ganze Jahr über vorzuziehen, im Gegenteil. Kräftige Jungpflanzen sind im Beet oder Pflanzgefäß besser gegen Schneckenfraß gewappnet als gerade auflaufende Keimlinge.

Kräuter anziehen

Einjährige Kräuter werden ausgesät, mehrjährige Kräuter wie Schnittlauch, Minze, Thymian, Rosmarin und Salbei, ziehen Sie schneller aus Pflanzenteilstücken an. Einfache Methoden dieser »vegetativen (ungeschlechtlichen) Vermehrung« sind das Teilen und die Stecklingsvermehrung (siehe S. 104).
Für die Aussaat können Sie sich die gleichen Regeln wie beim Gemüse merken: Schnell wachsende Kräuter wie Kerbel, Blattkoriander, Borretsch und Dill säen Sie direkt im Freien aus. Wärmebedürftige Arten wie Basilikum, Gewürztagetes und Bohnenkraut und langsam keimende Arten, z. B. Petersilie, ziehen Sie vor.

⬤ Wärmeliebende Kräuter wie das Basilikum werden auf der Fensterbank vorgezogen.

Der geeignete Platz

Um gesunde und kräftige Jungpflanzen heranzuziehen brauchen sie einen geeigneten Standort. Pflanzen haben Ansprüche an Temperatur, Luftfeuchtigkeit und Licht.

Temperatur und Luftfeuchte

Die meisten Pflanzen kommen in der Jungpflanzenphase mit normaler Zimmertemperatur gut zurecht. Tomaten und Paprika können auch

✳ Unter einer speziellen Pflanzenleuchte ist es auch an kurzen und trüben Tagen hell genug.

wärmer stehen, Salat und Kohlrabi vertragen auch tiefere Temperaturen und gedeihen z. B. im Schlafzimmer vor dem Fenster.

Während der Keimphase benötigen die Sämlinge eine hohe Luftfeuchtigkeit. Die Saatschalen werden deshalb mit einer durchsichtigen Plastikhaube oder mit einer Glasscheibe abgedeckt.

Damit keine Pilzkrankheiten entstehen, ist es ratsam, die Abdeckung mindestens einmal am Tag für einige Minuten zum Lüften abzunehmen. Ist die Saat komplett aufgegangen, können Sie die Abdeckung bis zum Pikieren (siehe S. 102) der Pflänzchen abnehmen. Stehen die Pflanzen aber in trockener Luft in Heizungsnähe, ist es besser sie unter der Abdeckung zu belassen und regelmäßig zu lüften.

Lichtansprüche

Temperatur und Feuchtigkeit lassen sich leicht regeln, die Lichtansprüche der Pflanzen dagegen sind nicht ganz einfach zu erfüllen. Das betrifft vor allem die ganz frühen Aussaaten von Tomaten, Paprika und Auberginen mit denen Sie schon Ende Februar, wenn die Tage noch kurz sind, beginnen können.

Pflanzen sind auf Licht angewiesen. Es liefert die Energie für die Wachstumsvorgänge. Pflanzen wachsen immer in Richtung einer Lichtquelle. Ist der Standort zu dunkel, recken sie sich dem Licht entgegen und werden lang, blass und weichtriebig. Solche »geilwüchsigen« Jungpflanzen, wie sie der Gärtner nennt, erholen sich später im Beet zwar etwas, sind aber im Vergleich zu kräftigen, gut versorgten Jungpflanzen immer im Nachteil. Sie bringen weniger und späten Ertrag und sind zudem deutlich anfälliger für Krankheiten und Schädlingsbefall.

Auf der Fensterbank

Allein die Fensterscheibe reduziert die Lichtintensität im Vergleich zu einem Standort im Freien um 50 %. Weiterhin werden die Lichtverhältnisse in einem Raum mit zunehmender Entfernung zum Fenster schlechter. Mit jedem Meter Abstand vom Fenster nimmt die Lichtmenge um mindestens 50 % ab.
Damit wird deutlich, dass die Jungpflanzen nur in unmittelbarer Fensternähe genügend Licht bekommen. Am besten stellen Sie die Saatschalen und kleinen Töpfe etwas erhöht, z. B auf einer dicken, isolierenden Styroporplatte auf der Fensterbank auf, denn direkt hinter dem Fensterrahmen ist weniger Licht.

Zusatzbelichtung

Haben Sie mehr Jungpflanzen als Platz auf dem Fensterbrett, können Sie über die Anschaffung einer Zusatzbeleuchtung nachdenken.
Bei der Anbringung einer Zusatzbelichtung ist zu beachten, dass die verschiedenen Lampen nur für bestimmte Zwecke geeignet sind. Der Spektralbereich von Glühlampen, Leuchtstoffröhren oder LEDs für die Raumbeleuchtung ist für die Förderung des Pflanzenwachstums nicht geeignet. Pflanzen benötigen zur Wachstumsförderung Speziallampen mit einem tageslichtähnlichen Spektrum. Besonders geeignet sind Natrium- und Metallhalogendampflampen. Eine Bezugsquelle für Pflanzenlampen finden Sie im Anhang auf S. 138.

Jungpflanzen abhärten

Pflanzen, die in geschlossenen, warmen Räumen auf der Fensterbank vorkultiviert werden, müssen sich vor dem Auspflanzen an die Bedingungen im Freien gewöhnen. Tiefere Temperaturen, höhere Sonneneinstrahlung und der Wind machen den Pflanzen anfangs zu schaffen. Schnell gibt es auch bei Pflanzen einen Sonnenbrand. Gewöhnen Sie die zarten Pflänzchen langsam an die Freilandbedingungen. Kräftige Jungpflanzen können an warmen Tagen draußen an einem schattigen Platz aufgestellt werden. Anfangs räumen Sie sie nachts wieder ins Haus. Stellen Sie die Töpfe in große Kisten, dann ist die Arbeit schnell erledigt.
Eine andere Möglichkeit ist, die Jungpflanzen draußen in ein geschütztes Frühbeet zu stellen, von dem Sie tagsüber die Abdeckung entfernen und diese am Abend wieder aufziehen.
Später können die Pflanzen dann auch ohne Abdeckung draußen übernachten.

● Vorgezogene Pflanzen müssen sich langsam an Freilandbedingungen gewöhnen.

Gefäße, Werkzeuge, Erde und eine gute Planung

Für die Anzucht brauchen Sie eine kleine Ausrüstung: Saatschalen, kleine Töpfe, spezielle Vermehrungserde, Abdeckhauben, Pflanzensprüher, ein Erdsieb, ein Andruckbrett, einen Pikierstab, Stecketiketten und für die Stecklingsvermehrung ein geeignetes Messer. Sie müssen nicht alle Werkzeuge und Gefäße kaufen. Das lohnt sich erst, wenn Sie sich sicher sind, diese auch jahrelang zu nutzen. Für die ersten Versuche gibt es viele, kostenlose Alternativen. Hilfreich ist es, nach einem Plan vorzugehen, damit genügend, aber auch nicht zu viele Pflanzen zum richtigen Zeitpunkt fertig sind. Meistens beginnt man viel zu früh mit dem Aussäen und neigt dazu, zu viele Samen auszubringen. Später kann man sich nur schwer von den Pflänzchen trennen. Ziel ist aber, eine Vielfalt auch auf kleinem Raum zu haben, das erreichen Sie sicher mit einer guten Planung.

Töpfe, Schalen und Co.

Aussaatgefäße gibt es aus verschiedenen Materialien. Für alle Gefäße gilt, dass sie Abzugslöcher im Boden haben müssen oder im Ganzen wasserdurchlässig sein sollten, damit keine Staunässe entsteht. Stellen Sie die Gefäße in flache Plastikkisten oder große Untersetzer.

Tontöpfe und -schalen
Gefäße aus Ton sind dekorativ und eignen sich gut für die Aussaat. Töpfe mit einem Durchmesser von 6 bis 8 cm sind ideal für die Einzelkornaussaat. Durch die offenporigen Gefäßwände trocknen sie allerdings schnell aus.

Presstöpfe
Presstöpfe bestehen aus gepressten Pflanzenfasern und haben den Vorteil, dass sie komplett

❋ Upcycling: Tetrapaks, Konservendosen und Obstschalen werden als Anzuchtgefäße genutzt.

❋ Ton- und Plastikgefäße können Sie mehrfach verwenden, Presstöpfe werden mit eingepflanzt.

aus organischem Material bestehen und ohne zusätzliche künstliche Hülle auskommen. Die Pflanzen können daher mitsamt dem Topf verpflanzt werden. Besonders empfehlenswert sind die Fertilpots, die garantiert aus torffreien Fasern bestehen. Presstöpfe trocknen allerdings noch schneller aus als Tontöpfe.

Plastikgefäße und Tetrapaks

Weniger dekorativ sind Plastikgefäße und Tetrapaks, sie haben aber den großen Vorteil, dass sie das Wasser gut halten. Sie fallen als Abfallprodukt im Haushalt an und sind daher kostengünstig. Wieder verwendet werden können Joghurtbecher, Obstschalen und Töpfe von zugekauften Pflanzen. Milch- und Saftpackungen schneiden Sie auf einer Höhe von 10 cm ab und stechen mit einem Messer Löcher in den Boden.

Konservendosen

Konservendosen sind ebenfalls ideale Anzuchtgefäße. Spülen Sie sie sofort aus, damit kein Schimmel entsteht. Dosen, die mit einer Lasche

aufgezogen werden, haben innen einen scharfen Rand, der sich aber mit einem Dosenöffner leicht entfernen lässt. Löchern Sie den Boden mit einem Bohrer.

Papiertöpfe und Eierkartons

Papiertöpfe und Eierkartons trocknen sehr schnell aus und sind nur begrenzt haltbar. Eierkartons weichen beim Gießen rasch durch und zerfallen. Zeitungstöpfe können Sie mit einem »Paper Potter« selbst herstellen (Bezugsquelle S. 138). Sie halten länger, wenn die Topfwände dick genug sind.

Werkzeuge

Gutes Gärtnerwerkzeug zeichnet sich durch hohe Funktionalität und lange Haltbarkeit aus. Es macht Freude damit zu arbeiten, es hat allerdings auch seinen Preis. Sie können es nach und nach anschaffen, denn man kommt auch mit umfunktionierten Dingen aus dem Haushalt zum Ziel.

● Gut gepflegte Werkzeuge kann man ohne Qualitätsverlust viele Jahre benutzen.

● Für die Anzucht können auch Werkzeuge aus dem Haushalt zweckentfremdet werden.

Einige Beispiele: Ein alternatives Zimmerge-wächshaus entsteht aus einer abgeschnittenen, weiten PET-Flasche. Das Erdsieb wird durch ein grobes Haushaltssieb ersetzt, das Stecklings-messer durch ein scharfes Schälmesser. Ein Andruckbrett ist aus zwei Holzklötzen schnell zusammengebaut. Statt eines Pikierstabes kön-nen Sie ein Holzstöckchen verwenden und die Sämlinge mit einer Gabel lockern. Wasserfeste Stecketiketten lassen sich aus leeren Frischkäse-schachteln zuschneiden. Ein kostengünstiger Ersatz für eine Ballbrause ist ein Gießaufsatz für eine leere Wasserflasche (Bezugsquelle S. 138).

Anzuchterde

In der Regel ist es nicht notwendig, für jede Pflanzenart eine spezielle Erde zu verwenden. In der Anzuchtphase ist es jedoch wichtig, ein spezielles Substrat zu verwenden. Jungpflanzen brauchen Erde mit einer feinen Struktur und einem geringen Nährstoffgehalt. Enthält die

Erde zu viele Nährstoffe verbrennen die feinen Wurzeln. Außerdem bilden die Jungpflanzen in einem nährstoffarmen Substrat einen besseren Wurzelballen aus. Sie müssen ihre Wurzeln aus-breiten, um an Nährstoffe heranzukommen.

Anzuchterde selbst mischen

Wollen Sie nicht extra Anzuchterde kaufen, ist es möglich, diese selbst herzustellen. Nehmen Sie eine vorhandene Universalerde und strecken Sie diese mit einem Drittel Sand. Zerkrümeln Sie beim Mischen eventuell grobe Bestandteile.

Zweischicht-Substrat

Säen Sie einzelne Pflanzen in einem Topf aus, die nicht pikiert werden und daher länger in dem Topf stehen, ist es sinnvoll, das Gefäß unten mit normaler Erde und oben mit Anzucht-erde zu füllen. Die Samen keimen dann in dem nährstoffarmen Substrat. Später finden die Pflanzenwurzeln unten im Topf mehr Nährstoffe, sodass die Pflanze etwas länger versorgt ist.

❋ Viele Hersteller bieten im Frühjahr spezielle Vermehrungserden an.

❋ Anzuchterde kann aus normaler Blumenerde und Sand selbst gemischt werden.

Aussaat nach Plan

Wollen Sie Ihr Gemüse selbst vorziehen, arbeiten Sie am besten mit einem Anbauplan. Informationen über die Erstellung eines solchen Planes und welche Aspekte dabei wichtig sind, finden Sie auf den S. 20/21 und 52.

Auf einem Anbauplan können Sie ablesen, wann Sie wie viele Pflanzen einer bestimmten Art benötigen. Damit können Sie ganz gezielt vorgehen und ziehen nicht mehr Pflanzen als nötig an. Sie haben genau die Pflanzenanzahl, die auch in der Kiste oder im Beet Platz hat.

Wie lange dauert die Anzucht?

Die Jungpflanzenanzucht erfolgt in mehreren Schritten: Zuerst wird ausgesät, dann werden die Sämlinge pikiert, d. h. vereinzelt, und schließlich wird die fertige Jungpflanze an ihrem endgültigen Standort ausgepflanzt.

Die Anzuchtdauer der vorgezogenen Pflanzen ist recht unterschiedlich. Tomaten und Paprika brauchen von der Aussaat bis zum Auspflanzen etwa 8 bis 10 Wochen, Salat und Kohlrabi sind schon nach 5 bis 6 Wochen pflanzfertig.

Wenn Sie wissen, wann Sie laut ihrem Anbauplan z. B. Kohlrabi auspflanzen möchten, können Sie unter Berücksichtigung der Anzuchtdauer leicht ausrechnen, wann Sie mit der Aussaat beginnen können.

Werfen Sie spätestens beim Pikieren wieder einen Blick auf den Plan und schauen Sie nach, wie viele Pflanzen Sie brauchen. Lassen Sie sich von der Menge der Sämlinge nicht verführen, pikieren Sie nur ein paar Pflanzen mehr als nötig. Den Rest können Sie getrost verschenken und wenn es sein muss auch kompostieren, denn der Platz am hellen Fenster ist begrenzt.

Anzuchtdauer von Gemüse und Kräutern von der Aussaat bis zum Auspflanzen

Pflanze	Aussaat bis Pikieren	Pikieren bis Auspflanzen
Tomaten	3 Wochen	6–8 Wochen
Paprika	4 Wochen	6–8 Wochen
Auberginen	5 Wochen	9–10 Wochen
Gurken	3 Wochen	4–5 Wochen
Salat	2 Wochen	4 Wochen
Kohlrabi	2 Wochen	4 Wochen
Brokkoli	3 Wochen	4 Wochen
Fenchel	4 Wochen	4 Wochen
Petersilie	6 Wochen	4 Wochen
Basilikum	3 Wochen	4 Wochen

● Zum Pikieren wird Anzuchterde mit einer aufgedüngten Universalerde gemischt.

Aussaat: Schritt für Schritt

Aussäen ist ganz einfach. Stellen Sie sich Aussaatgefäße, Anzuchterde, ein Sieb, eine Sprühflasche oder Ballonbrause, Etiketten, das Saatgut und eventuell ein Andruckbrett bereit. Lesen Sie auf der Samentüte, ob es sich um einen Licht- oder um einen Dunkelkeimer handelt. Die Samen, die im Dunkeln keimen, werden dick mit Erde bedeckt. Lichtkeimer bedecken Sie dagegen nur ganz leicht, noch lichtdurchlässig mit Erde, um die gequollenen Samen vor Austrocknung zu schützen.

Sie können Töpfe oder Schalen zum Aussäen verwenden. Es ist praktisch, große Samen wie die von Kürbis, Zucchini, Gurke und Kapuzinerkresse gleich einzeln in kleine Töpfe zu säen. Brauchen Sie nur wenige Pflanzen, z. B. von Tomaten und Paprika, legen Sie einige Samen in einen Topf. Später setzen Sie die kräftigsten Pflanzen in Einzeltöpfe. Kleine Samen wie von Salat, Kohlrabi, Schnittlauch und Basilikum säen Sie in flachen Schalen aus. Die stärksten Sämlinge werden später in kleine Töpfe pikiert.

① Füllen Sie eine flache Saatschale bis 1 oder 2 cm unter den Rand mit handfeuchter Aussaaterde. Streichen Sie die Erde mit den Fingern glatt.

② Glätten Sie die Erdoberfläche dann noch einmal mit einem Andruckbrettchen. Drücken Sie das Substrat dabei leicht an.

③ Streuen Sie die Samen gleichmäßig auf die Erdoberfläche. Tippen Sie dazu mit dem Zeigefinger leicht an die Tüte.

④ Dunkelkeimer werden mit einer Erdschicht übersiebt, die mindestens so dick ist, wie die Samenkörner. Lichtkeimer nur ganz leicht mit Erde bedecken. Glätten Sie die Oberfläche noch einmal mit dem Andruckbrettchen.

⑤ Zum Schluss wird die Saatschale mit Wasser überbraust. Dazu nehmen Sie eine Ballbrause, eine Sprühflasche oder eine Gießkanne mit feiner Brause.

⑥ Größere Samen säen Sie direkt in kleine Töpfe. Am besten füllen Sie die Töpfe unten mit aufgedüngter Blumen- oder Gemüseerde, oben mit Anzuchterde. So keimen die Pflanzen in dem nährstoffarmen Substrat und können später Nährstoffe aus der unteren Erdschicht aufnehmen (siehe S. 98).

Die fertige Saatschale wird mit einem Etikett versehen, das mit dem Pflanzennamen und dem Aussaatdatum beschriftet ist. Decken Sie die Schale mit einer Glasscheibe ab oder stellen Sie sie in ein Zimmergewächshaus. Solange die Samen noch nicht gekeimt haben, benötigen sie kein Licht. Die Samen brauchen aber in der Regel (Ausnahme ist Salat) ein warmes Plätzchen. Sobald die ersten Keimlinge erscheinen, ist ein heller Platz erforderlich.

TIPP: Lassen Sie auf dem Etikett unter dem Aussaattermin etwas Platz für das Datum, an dem Sie die Sämlinge pikieren. So haben Sie im Blick, wie lange die Anzucht tatsächlich gedauert hat.

Pikieren: Schritt für Schritt

Einige Zeit nach der Aussaat keimen die Samen und die ersten grünen Spitzen der Sämlinge sind in der Aussaatschale zu erkennen. Auf den Samentüten ist die ungefähre Keimdauer vermerkt. Die Sämlinge bilden anfangs Keimblätter, die einfach gebaut sind und anders aussehen als die typischen Blätter der Pflanze.

Bald stehen die Pflanzen sehr dicht in der Saatschale. Bilden sich die ersten richtigen Blätter, ist es an der Zeit zu pikieren. Pikieren ist der Fachausdruck für das Vereinzeln der Sämlinge. Einige Pflanzen, z. B. Basilikum, Petersilie und Schnittlauch, werden büschelweise pikiert. Andere wie Tomaten, Salat oder Kohlrabi werden einzeln in einen kleinen Topf umgesetzt. Wählen Sie den Topf nicht zu groß. Für die Wurzelballenbildung ist es besser, wenn der Wurzelraum begrenzt ist. Außerdem brauchen Sie für kleine Töpfe weniger Erde und damit weniger kostbaren Platz auf der Fensterbank.

① Pflanzen, die zu mehreren in einem Tontopf aufgelaufen sind, werden in Einzeltöpfe umgesetzt. Hier sehen Sie Paprikapflanzen, die in selbst hergestellte Zeitungstöpfe gesetzt werden. Füllen Sie die Töpfe mit Erde, die Sie zuvor aus gleichen Teilen Anzuchterde und normaler Blumen- oder Gemüseerde gemischt haben. Diese Mischerde enthält einige Nährstoffe, ist aber noch nicht so nährstoffreich, wie die Topferde. Das ist wichtig, damit sich die Pflanzenwurzeln gut entwickeln.

② Lockern Sie die Erde rund um die kleinen Pflanzen vorsichtig, z. B. mit dem Stiel eines Esslöffels oder einer Gabel, und ziehen Sie die Sämlinge vorsichtig aus dem Topf.

③ Lange Wurzeln werden abgeknipst, das fördert die Verzweigung und Bildung neuer Wurzeln.

④ Mit einem Pikierstab, einem Holzstöckchen oder mit dem Löffelstiel bohren Sie ein Loch in die Erde des neuen Topfes.

⑤ Setzen Sie die Paprikapflanze ein und drücken Sie sie vorsichtig an.

⑥ Zum Schluss werden die Pflänzchen durchdringend gewässert. Damit wird Erde an die Wurzeln geschwemmt. Das ist wichtig für die Standfestigkeit der Pflanze und erleichtert das Aufnehmen von Wasser.

Salat, Kohlrabi und andere Gemüse mit einer kurzen Anzuchtdauer können etwa drei bis vier Wochen nach dem Pikieren an ihrem vorgesehenen Platz im Beet oder Kübel eingesetzt werden. Zeitungstöpfe zersetzen sich im Boden und müssen nicht entfernt werden. Salat und Kohlrabi können schon Anfang April ins Freie, wärmeliebende Pflanzen erst nach dem 15. Mai. Für Paprika, Tomaten, Auberginen und Gurken ist das Pikieren in kleine Einzeltöpfe nur ein Zwischenschritt. Nach zwei bis drei Wochen sind die kleinen Töpfe gut durchwurzelt. Dann werden die Pflanzen in größere Töpfe von mindestens 12 cm Durchmesser umgepflanzt. Setzen Sie die Pflanzen jetzt in eine nährstoffreiche Blumen- oder Gemüseerde.

Stecklingsvermehrung: Schritt für Schritt

Während einjährige Pflanzen für die Anzucht ausgesät und pikiert werden, greift man bei ausdauernden Pflanzen oftmals auf die Möglichkeit einer »vegetativen (ungeschlechtlichen) Vermehrung« zurück. Dabei werden aus Teilstücken einer Mutterpflanze komplett neue Pflanzen herangezogen, die genetisch mit der Mutterpflanze übereinstimmen. Suchen Sie für diese Vermehrungsart daher möglicht gesunde und kräftige Pflanzen aus. Eine einfache Methode der vegetativen Vermehrung ist die Vermehrung durch Kopfstecklinge. Kopfstecklinge sind beblätterte Triebspitzen von 3 bis 8 cm Länge. Die Triebspitzen werden mit einem scharfen Messer von der Mutterpflanze abgetrennt und in einen Topf mit Anzuchterde gesteckt. Kopfstecklinge können Sie z. B. von Salbei, Rosmarin und Minze abnehmen.

① Schneiden Sie den Steckling direkt unter einem Blattansatz ab. An dieser Stelle enthält das Pflanzengewebe vermehrt Stoffe, die für einen schnellen Wundverschluss gebraucht werden. Das Gewebe der Triebspitze sollte ausgereift, aber noch nicht verholzt sein und keine Blüten oder Blütenknospen tragen. Eventuell vorhandene Knospen werden entfernt.

② Der Schnitt wird möglichst waagerecht gesetzt, um die Wunde klein zu halten. Die unteren Blätter werden entfernt. Sie könnten faulen, wenn sie in die Erde gesteckt werden. Große Blätter werden mit einer Schere eingekürzt. Der Steckling verdunstet so weniger Wasser und die Gefahr zu verwelken ist geringer.

③ Füllen Sie kleine Töpfe von etwa 6 bis 8 cm Durchmesser mit Anzuchterde. Drücken Sie die Erde mit den Fingern leicht an. Schieben Sie die Stecklinge bis zum ersten Blattansatz in die Erde und drücken Sie diese noch einmal leicht an, damit der Steckling fest verankert ist.

④ Überbrausen Sie die Töpfe mit einer Gießkanne mit feinem Brausekopf. Stecklinge benötigen zur Bewurzelung eine hohe Luftfeuchtigkeit. Daher wird die Kiste mit den Stecklingstöpfen mit einer Folie überzogen. Nehmen Sie die Folie einmal täglich für einige Minuten zum Lüften ab, damit sich keine Pilzkrankheiten ansiedeln.

⑤ Nach einigen Wochen sind die Töpfe durchwurzelt. Presstöpfe aus Pflanzenfasern werden von den Wurzeln durchwachsen. Sie müssen vor dem Einsetzen der jungen Pflanzen ins Beet oder in den Kübel nicht unbedingt entfernt werden. Sie zersetzen sich mit der Zeit im Boden.

⑥ Minze ist eine der Pflanzen, die besonders schnell Wurzeln bildet. Das funktioniert auch in einem Wasserglas, in das die frisch geschnittenen, etwas längeren Kopfstecklinge einfach hineingestellt werden. Schon nach kurzer Zeit können Sie das Sprießen der ersten Wurzelspitzen beobachten.

Eigene Samen ernten

Die Natur ist verschwenderisch. Um die Art-erhaltung sicher zu stellen, produzieren die meisten Pflanzen Samen im Überschuss. Da liegt es nahe, von den eigenen Gemüsen und Kräutern Samen für die nächste Gartensaison zu ernten. Doch nicht von allen Pflanzen kann Saat-gut geerntet werden, das bei der Folgeaussaat wieder Pflanzen gleichguter Qualität hervorbringt.

Geeignete Sorten

Zur Weitervermehrung eignen sich nur samen-feste Sorten. Das sind Sorten, aus dessen Samen wieder Pflanzen heranwachsen, die in etwa die gleichen Eigenschaften haben wie ihre Eltern. Nicht samenfest sind Hybridsorten, auf den Samentüten mit »F1« gekennzeichnet. F1-Hybriden sind sogenannte Hochleistungs-

sorten, die durch gezielte Kreuzung zweier Partner hervorragende Eigenschaften mitbrin-gen. Nachteil der F1-Hybriden jedoch ist, dass ihre Nachkommen kaum zu gebrauchen sind. F1-Hybriden bilden zwar Samen, aber die dar-aus entstehenden Pflanzen sind uneinheitlich und weichen stark von den Merkmalen ihrer Eltern ab. F1-Saatgut muss also immer wieder neu gekauft werden. Unter den Bezugsquellen auf S. 138 finden Sie einen Saatgutanbieter, der nur samenfeste Sorten anbietet.

Einjährige und Zweijährige

Nicht alle Gemüse- und Kräuterarten bilden im gleichen Jahr, in dem sie ausgesät werden, auch Blüten und Samen aus. Einige Arten kom-men erst im zweiten Jahr zur Blüte. Im ersten

✻ Trockene Samen der Ringelblumen können leicht ab-gesammelt werden.

✻ Sind die Hülsen der Erbsen gelb und trocken, kann man die Samen ernten.

Jahr bilden diese Gemüse die Pflanzenteile, die verspeist werden. In speziellen Zucht- und Samenbaubetrieben werden diese Pflanzenteile überwintert und im zweiten Jahr wieder aufgepflanzt. Sie wachsen dann weiter und setzen Blüten und Samen an. Zu den zweijährigen Gemüsearten gehören Kopfkohl, Möhren, Rote Bete, Mangold und Petersilie.

Einfacher ist die Samengewinnung von einjährigen Arten wie Salat, Radieschen, Erbsen, Gartenbohnen, Tomaten oder Ringelblumen, Kapuzinerkresse und Tagetes. Sie bilden ihre Blüten und Samen im gleichen Jahr, in dem sie ausgesät werden. Bei einigen Arten erntet man die Samen aus den Früchten, bei anderen aus den verblühten Blüten. Interessant ist es, Pflanzen, die man normalerweise schon lange vor der Blütenbildung erntet, einmal bis zur Samenreife stehen zu lassen. Versuchen Sie es doch einmal mit samenfestem Rucola ('Ruca') oder mit Radieschen der Sorte 'Cherry Belle', die als frühe Sorte im Sommer schnell zur Blüte kommt.

Samengewinnung

Samen erntet man immer von gesunden, kräftigen und besonders schönen Exemplaren. Zu beachten ist der richtige Erntezeitpunkt. Die Samen sollten solange wie möglich an der Pflanze ausreifen. Man darf aber auch nicht zu lange warten, denn dann fallen die Samen aus ihren Hüllen heraus.

Ringelblumen, Kapuzinerkresse und Gewürztagetes

Von diesen drei essbaren Blütenpflanzen ist die Saatgutgewinnung ganz leicht. Warten Sie einfach ab, bis die Blüten verwelken und sich Samen bilden. Pflücken Sie die trockenen Samen aus den Pflanzen heraus oder schneiden sie die Blüten kurz bevor die Samen ganz reif sind und lassen Sie sie in einem Stoffbeutel nachreifen. Später reinigen Sie das trockene Saatgut, indem Sie trockene Stängel, Blütenblätter und Ähnliches heraussortieren.

✤ Tomatensamen lässt man 2 bis 3 Tage in etwas Wasser gären, dann werden sie gespült, ...

✤ ... auf einem Küchenpapier getrocknet und anschließend verpackt.

Erbsen und Bohnen

Erbsen und Bohnen lässt man in der Hülse heranreifen. Um Samen zu gewinnen, warten Sie, bis die Hülsen gelb, trocken und brüchig werden. Dann können Sie die Hülsen aufbrechen und die trockenen Samen herausholen. Erbsen, Buschbohnen und Stangenbohnen sind übrigens Selbstbefruchter. Das bedeutet, dass die Nachkommen ihren Eltern sehr ähnlich sind. Feuerbohnen dagegen sind Fremdbefruchter. Stehen verschiedene Sorten in der Nachbarschaft, werden sich diese untereinander kreuzen. Die Nachkommen haben dann Merkmale beider Sorten.

Tomaten

Bei Tomaten muss man schon genau hinschauen: Es sind sehr viele F1-Hybriden auf dem Markt. Wie schon gesagt, haben diese in der Regel sehr gute Sorteneigenschaften, sind aber nicht weiter vermehrbar, da ihre Nachkommen nicht die gleichen Eigenschaften haben. Haben Sie dennoch eine samenfeste Sorte, können Sie

aus den vollreifen Früchten Samen ernten. Die besten Samen enthalten die Früchte der untersten oder der zweituntersten Traube. Tomatensamen müssen aufbereitet werden. Schneiden Sie einige Früchte auf und löffeln Sie den Samen mit der umhüllenden schleimigen Schicht in ein Glas. Geben Sie etwas Wasser hinzu und decken Sie das Glas mit Klarsichtfolie ab. In den nächsten zwei bis drei Tagen setzt eine Gärung ein, bei der die keimhemmende Schleimschicht abgebaut wird. Gießen sie die Samen dann in ein Sieb und spülen Sie die Schleimschicht unter einem Wasserstrahl ab. Die Samen fühlen sich jetzt rauh an und werden auf einem Küchenpapier getrocknet. Danach können Sie in eine Papiertüte abgefüllt werden.

Samen lagern

Die Keimfähigkeit der Samen wird am besten bei einer kühlen und dunklen Lagerung erhal-

✳ Eine leere Samentüte dient als Muster für selbstgebastelte Tüten. Fertigen Sie eine …

✳ … Schablone an, übertragen Sie den Umriss auf Packpapier. Schneiden Sie das Papier aus …

ten. Sie können die Samen in kleine, am besten dunkle, Gläser abfüllen oder in Streichholz-schachteln oder Papiertüten. Auf den Bildern sehen Sie, wie Sie einfache Samentüten selbst basteln können. Nehmen Sie dazu eine leere Samentüte und öffnen Sie die Klebenähte über heißem Wasserdampf. Jetzt können Sie die Tüte auseinander falten und die Form auf eine Pappe übertragen. Schneiden Sie die Pappe aus. So haben Sie eine Schablone für eigene Samentüten. Basteln Sie so viele Tüten wie Sie brauchen und beschriften Sie diese mit dem Pflanzennamen und mit dem Jahr der Ernte. Kleben Sie die gefüllte Tüte mit einem Klebe-film zu und heben Sie sie in einer Kiste auf. Beschriften Sie Karteikarten mit übergeordneten Begriffen wie »Kräuter«, »Sommerblumen« oder »Salate«. Damit können Sie Ordnung schaffen und den Überblick über Ihre Saatgutsammlung bewahren. Damit die Samen trocken bleiben, legen Sie kleine Tüten mit Silikonkugeln, die man manchmal in Verpackungen findet, mit in die Samenbox.

Keimprobe

Wenn Saatgut richtig gelagert wird, ist es mehrere Jahre haltbar. Manchmal verliert man jedoch den Überblick über das Alter der Tüten. Auch wenn man Saatgut geschenkt bekommen hat ‚weiß man oft nicht, wie alt es ist und ob es noch keimfähig ist. Von betroffenen Samen können Sie schon im Januar oder Februar eine Keim-probe machen. Legen Sie dafür einen Teller mit Küchenpapier aus und befeuchten Sie die-ses. Auf das Papier werden abgezählte Samen-körner gelegt, mindestens 20 Stück. Über-spannen Sie den Teller mit Frischhaltefolie und stellen Sie ihn an einen warmen Platz (Aus-nahme sind Salate, die nur bei unter 16 °C keimen). Nach etwa 2 bis 3 Wochen sollte der Samen gekeimt sein. Eventuell müssen Sie zwischendurch nachfeuchten. Bei einer Keim-rate von über 50 % lohnt sich die Aussaat der Samen im Frühjahr. Keimen weniger als die Hälfte der Samen, kaufen Sie besser frisches Saatgut.

✿ ... und kleben Sie es zu einer Tüte zusammen. Die Tüte mit Namen und Datum beschriften.

✿ Die Samentüten werden in einer Kiste oder in einem Karton aufbewahrt.

Die besten Gemüse,
Kräuter und Obstpflanzen

Blattgemüse

① Asia-Salat

J	F	M	A	M	J	J	A	S	O	N	D

Schnellwüchsiger Salat aus dem asiatischen Raum. Seine Ansprüche an Boden und Klima sind gering, er ist kältetolerant und gilt als Mittelzehrer. Blätter enthalten Senföle, schmecken scharf-würzig. Geerntet werden die jungen Blätter, wächst mehrmals nach.

Sorten: 'Mizuna', 'Green in Snow', 'Misome', 'Red Giant'.

② Endivien

J	F	M	A	M	J	J	A	S	O	N	D

Leicht bitter schmeckender Salat mit festen Blättern für den späten Anbau. Zu früh gesetzte Pflanzen schießen leicht. Bildet keinen Kopf, sondern eine große Rosette. Mittelzehrer, mag den Halbschatten. Man unterscheidet breitblättrige Escariol-Sorten und krausblättrige, feinere Frisee-Sorten.

Sorten: Auf Schossfestigkeit achten, 'Diva' (Escariol-Typ), 'Jolie' (Frisee-Typ).

③ Feldsalat

J	F	M	A	M	J	J	A	S	O	N	D

Mild schmeckender Salat für den späten Anbau. Zu früh gesäter Feldsalat schießt sehr leicht. Für eine frühe Ernte im Frühjahr kann man noch im Oktober säen. Bei starken Frösten mit Vlies abdecken. Mittelzehrer, benötigt einen sonnigen Standort.

Sorten: Auf mehltautolerante Sorten achten. 'Elan', 'Vit', 'Dunkler Vollherziger'.

Vorkultur   Aussaat/Pflanzung   Ernte

④ Kopfsalat

J	F	M	A	M	J	J	A	S	O	N	D

Schnellwüchsiger Salat, kältetolerant, verträgt leichten Frost. Kann auf der Fensterbank vorgezogen werden, möchte in der Anzuchtphase kühl stehen. Salat wird hoch gepflanzt, damit er nicht fault. Jahreszeitliche Eignung der Sorten beachten, bildet sonst keine festen Köpfe.
Sorten: 'Maikönig' (früh), 'Dynamite' (für den Sommeranbau), 'Pirat' (ganzjähriger Anbau).

⑤ Pflücksalat

J	F	M	A	M	J	J	A	S	O	N	D

Kann als ganzer Kopf geerntet werden oder schon im Jugendstadium blätterweise gepflückt werden. Bleibt das »Herz« stehen, wächst er nach. Im April vorgezogene Pflanzen setzen. Ab Mitte Mai kann auch direkt gesät werden.
Sorten: Zu den Pflücksalaten gehören die krausen Lollo-Sorten und die Eichblattsalate. 'Lollo Rosso', 'Lollo Bionda', 'Roter Eichblatt', 'Grüner Eichblatt', 'Pasha'.

⑥ Romanasalat

J	F	M	A	M	J	J	A	S	O	N	D

Bildet keine runden, sondern länglich geformte Köpfe. Romanasalat ist schossfest und eignet sich für den Sommeranbau. Mittelzehrer für Sonne bis Halbschatten. Die Sorte 'Ovired' wird als Roter Feldsalat bezeichnet und kann jung, auch vor der Kopfbildung geerntet werden.
Sorten: 'Attico' (grüne Blätter), 'Forellenschluss' (rot gefleckte Blätter), 'Ovired'.

 Anzahl pro Quadrat 30 × 30 cm   Anzahl pro Kiste 60 × 40 cm   Reihen in der Kiste

Blatt- und Stängelgemüse

⑦ Rucola

J	F	M	A	M	J	J	A	S	O	N	D

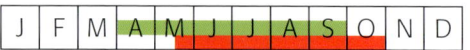

Raschwachsende, würzig-nussig schmeckende Salatpflanze. Wird gern auch auf fertig gegarte Pizza oder Pasta gelegt. Die Wilde Rauke ist eine andere Art und schmeckt so scharf, dass sie nur zum Würzen benutzt wird. Schwachzehrer für sonnige Standorte. Schneidet man die jungen Blätter nicht zu tief, wächst er noch einmal nach. **Sorten:** 'Ruca' (mild), 'Speedy' (kräftig).

⑧ Salanova

J	F	M	A	M	J	J	A	S	O	N	D

Neuartige Salatzüchtung mit gleichgroßen Blättern, die eine Rosette bilden. Zeichnet sich durch leichte Zubereitung aus: Zerfällt mit einem Schnitt in viele, mundgerechte Blätter. Wird als »Saatgutpille« angeboten. Kann daher leicht im richtigen Abstand gesät werden, ist aber relativ teuer. Schwachzehrer für die Sonne. **Sorten:** Rot- und grünblättrige Sorten. Resistent gegen Falschen Mehltau und Salatblattlaus.

⑨ Spinat

J	F	M	A	M	J	J	A	S	O	N	D

Spinat kann gekocht als Gemüse zubereitet werden. Einzelne, junge Blätter schmecken auch sehr gut in einem gemischten Salat. Fällt beim Kochen stark zusammen. Spinat ist für den frühen und späten Anbau geeignet. Im Sommer bildet er zu schnell Blüten. **Sorten:** 'Matador' (altbewährte, grünblättrige Sorte), 'Red Cardinal' (rotstielig, lecker im Salat).

■ Vorkultur   ■ Aussaat/Pflanzung   ■ Ernte

⑩ Winterportulak

Wird auch als »Postelein« bezeichnet. Sehr winterfester Salat, der noch bei 4 °C wächst. Keimt nur bei Nachttemperaturen unter 12 °C. Portulak wird verwendet wie Feldsalat. Wird er einige Zentimeter über der Erde geschnitten, wächst er nach. Im Spätherbst gesät, kann er im Frühjahr bis zur Blüte geerntet werden.
Sorten: Keine besondere Sorte auf dem Markt.

⑪ Mangold

Gehört zur gleichen Familie wie der Spinat und kann auch genauso zubereitet werden. Bunte Sorten sind sehr dekorativ und eignen sich auch für das Blumenbeet. Junge Blätter schmecken auch im gemischten Salat. Mangold kann vorgezogen oder ab Ende April direkt gesät werden. Er hat einen hohen Nährstoffbedarf.
Sorten: 'Bright Lights' hat bunte Stiele, 'Charlie', ist als Schnittsalat geeignet.

⑫ Stangensellerie

Hat eine lange Kulturzeit, wird daher am besten vorgezogen. Sellerie hat einen hohen Nährstoffbedarf. Die Kultur gelingt nur bei guter Wasserversorgung. Achten Sie auf selbstbleichende Sorten. Stangen- oder Bleichsellerie kann roh oder gedünstet gegessen werden.
Sorten: 'Tall Utah' und 'Tango', die Stangen bleiben grün.

 Anzahl pro Quadrat 30 × 30 cm   Anzahl pro Kiste 60 × 40 cm   Reihen in der Kiste

Kohl- und Zwiebelgemüse

① Brokkoli

J	F	M	A	M	J	J	A	S	O	N	D

Brokkoli ist ein enger Verwandter des Blumenkohls. Er hat einen hohen Nährstoffbedarf und wächst nur an einem sonnigen und warmen Platz. Nach der Ernte des großen Kopfes lohnt es sich, die Pflanze noch stehen zu lassen, denn aus den Blattachseln wachsen weitere Blüten, die man noch ernten kann.
Sorten: 'Calabrese natalino', 'Santee' (lila).

② Grünkohl

J	F	M	A	M	J	J	A	S	O	N	D

Grünkohl ist ein typisch norddeutsches Wintergemüse. Er ist sehr robust und hat einen mittleren Nährstoffbedarf. Grünkohl ist sehr frosthart. Er schmeckt am besten, wenn er draußen mindestens einmal dem Frost ausgesetzt war. Für den Anbau auf kleiner Fläche eignen sich am besten niedrige Sorten.
Sorten: 'Lerchenzungen' (lange grüne Blätter), 'Redbor' (dunkelrote Blätter).

③ Kohlrabi

J	F	M	A	M	J	J	A	S	O	N	D

Kohlrabis sind die schnellsten unter den Kohlgewächsen. Ihr Nährstoffbedarf liegt im mittleren Bereich. Einige Sorten eignen sich nur für den frühen Anbau, andere können ganzjährig angebaut werden. Kohlrabi wird geschält und kann dann roh oder gekocht gegessen werden.
Sorten: 'Lanro' (weiß, für frühen Anbau), 'Azur Star' (blau), 'Superschmelz' (sehr große Knollen).

Vorkultur   Aussaat/Pflanzung   Ernte

④ Rosenkohl

| J | F | M | A | M | J | J | A | S | O | N | D |

Rosenkohl ist ein Wintergemüse, das nach dem ersten Frost am besten schmeckt. Er ist ein Starkzehrer und steht gern in der vollen Sonne. Rosenkohl hat eine lange Kulturdauer. Kappen Sie im Herbst den Haupttrieb, so hat die Pflanze mehr Kraft für die Ausbildung der Rosen.
Sorten: 'Hilds Ideal' (alte, bewährte Sorte), 'Falstaff' (rote Blätter und Rosen).

⑤ Lauch/Porree

| J | F | M | A | M | J | J | A | S | O | N | D |

Porree hat einen hohen Nährstoffbedarf. Die Jungpflanzen werden in kleine Furchen gepflanzt. Damit der weiße Anteil der Stangen groß wird, häufeln Sie die Pflanzen von Zeit zu Zeit etwas an. Sommerlauch brauch etwa drei Monate Zeit von der Pflanzung bis zur Ernte, Winterlauch bleibt bis zu sechs Monate stehen.
Sorten: 'Bavaria' (bewährte Sommersorte), 'Blaugrüner Winter' (frostbeständige Wintersorte).

⑥ Zwiebeln

| J | F | M | A | M | J | J | A | S | O | N | D |

Zwiebeln können ganz einfach durch das Setzen von Steckzwiebeln angebaut werden. Schon ab März werden die kleinen Zwiebeln in den Boden gesteckt. Sie lassen sich sehr gut mit Möhren kombinieren. Zwiebeln können Sie noch frisch als Frühlingszwiebel ernten oder sie bleiben auf dem Beet bis das Laub abstirbt.
Sorten: 'Stuttgarter Riesen' (gelb), 'Red Kit' (rot).

 Anzahl pro Quadrat 30 × 30 cm   Anzahl pro Kiste 60 × 40 cm Reihen in der Kiste

Wurzel- und Knollengemüse

① Fenchel

J	F	M	A	M	J	J	A	S	O	N	D

Knollenfenchel ist sehr wärmebedürftig und hat einen mittleren Nährstoffbedarf. Er muss immer gut mit Wasser versorgt sein. Knollenfenchel neigt zur vorzeitigen Blütenbildung. Daher unbedingt auf schossfeste Sorten achten und nicht zu früh pflanzen. Die Knollen können roh geraspelt werden oder man isst sie gedünstet.
Sorten: 'Fino' und 'Rondo' sind schossfest.

② Kartoffeln

J	F	M	A	M	J	J	A	S	O	N	D

Für den Anbau auf einer kleinen Fläche oder in einem großen Pflanzgefäß lohnt es sich, besondere Kartoffelsorten auszuprobieren. Es gibt Sorten in verschiedenen Farben und Formen. Kartoffeln sind Mittelstarkzehrer. Sie sind einfach anzubauen, aber sehr empfindlich gegenüber Staunässe.
Sorten: 'Linda' (bekannte gelbe Sorte), 'Cheyenne' (rotschalig), 'Bamberger Hörnchen'.

③ Möhren

J	F	M	A	M	J	J	A	S	O	N	D

Möhren brauchen einen tiefen, gelockerten Boden, was im Kistenhochbeet und in großen Gefäßen kein Problem ist. Frühmöhren können sehr zeitig ausgesät und nach drei Monaten geerntet werden. Späte Möhren vertragen Frost und bleiben bis zum Spätherbst im Boden.
Sorten: 'Jeanette' (früh), 'Sugarsnax' (mittelfrüh), 'Flyaway' (tolerant gegen Möhrenfliege).

Vorkultur   Aussaat/Pflanzung   Ernte

④ Radieschen

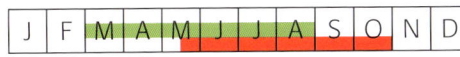

| J | F | M | A | M | J | J | A | S | O | N | D |

Radieschen werden vor allem im Frühjahr angebaut. Für eine Sommerernte sind spezielle Sommersorten erforderlich. Radieschen sind sehr schnellwüchsig und brauchen regelmäßig Wasser. Neben den klassischen runden, roten gibt es weiße Zapfen und bunte Sorten.
Sorten: 'Cherry Belle' und 'Saxa' (früh), 'Eiszapfen' (früh), 'Riesenbutter' (für den Sommeranbau).

⑤ Rettich

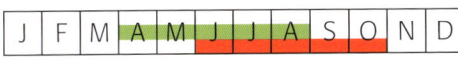

| J | F | M | A | M | J | J | A | S | O | N | D |

Sommerrettiche werden früh ausgesät und sind für den Sofortverzehr gedacht.
Die schwarzen Winterrettiche sät man erst ab Juli. Sie sollten eingelagert werden, denn sie vertragen nur leichten Frost. Bei unregelmäßiger Wasserversorgung werden Rettiche pelzig und neigen zum Schießen.
Sorten: 'Roter Neckarruhm' (früh), 'Runder Schwarzer Winter' (Winterrettich).

⑥ Rote Bete

| J | F | M | A | M | J | J | A | S | O | N | D |

Rote Bete müssen nicht unbedingt vorgezogen werden, sie können auch direkt gesät werden. Stehen sie zu dicht, werden die Reihen ausge-dünnt. Rote Bete sind Mittelstarkzehrer. Kochen Sie die ganzen, ungeschälten Rüben, ohne sie zu verletzen. Sie »bluten« sonst aus.
Sorten: 'Rote Kugel' (aromatisch), 'Hula Hoop-Mischung' (rote, gelbe und weiße Rüben).

 Anzahl pro Quadrat 30 × 30 cm   Anzahl pro Kiste 60 × 40 cm   Reihen in der Kiste

Fruchtgemüse

① Buschbohnen

J	F	M	A	M	J	J	A	S	O	N	D

Bohnen werden erst nach dem 15. Mai direkt ausgesät. Legen Sie die Kerne im Abstand von 5 cm ab und drücken Sie sie mit dem Finger etwa 3 cm tief in die Erde. Buschbohnen bleiben niedrig. Feuerbohnen und Stangenbohnen klettern und brauchen eine Rankhilfe.
Sorten: 'Maxi' (grüne Hülsen), 'Purple Teepee' (schwarze Hülsen), 'Golddukat' (gelbe Hülsen).

② Erbsen

J	F	M	A	M	J	J	A	S	O	N	D

Erbsen werden wie Bohnen ausgesät, allerdings schon Anfang April. Man legt sie in Doppelreihen und spannt dazwischen ein Rankgitter. Zuckererbsen werden mitsamt der Hülse gegessen, von Mark- und Palerbsen werden die frischen, grünen Körner verzehrt. Sie schmecken sehr gut roh.
Sorten: 'Wunder von Kelvedon' (Markerbse), 'Zuccola' (Zuckererbse), 'Kleine Rheinländerin' (Palerbse).

③ Salatgurken

J	F	M	A	M	J	J	A	S	O	N	D

Schlangengurken brauchen einen windgeschützten, warmen Platz und benötigen eine Kletterhilfe. Sie können ab Ende Mai draußen stehen. Gurken brauchen viel Wasser und Nährstoffe. Mini-Schlangengurken werden geerntet, wenn sie etwa 12 bis 15 cm lang sind.
Sorten: 'Iznik', 'Silor' und 'Lothar' sind auch für Kübel auf dem Balkon geeignet.

Vorkultur   Aussaat/Pflanzung   Ernte

④ Paprika und Peperoni

Die milden Paprika und die scharfen Peperoni haben die gleichen Ansprüche: Wärme, volle Sonne und viele Nährstoffe. Die großfrüchtigen Blockpaprika werden nur im Gewächshaus reif. Für das Freiland sind Snackpaprika und die länglichen Spitzpaprika besser geeignet.
Sorten: 'Luigi' (rote Spitzpaprika), 'Palladio' (gelbe Spitzpaprika), 'Lubega' (Snackpaprika).

⑤ Tomaten

Tomaten brauchen viel Sonne, Wasser- und Nährstoffe. Sie unterscheiden sich in ihrer Fruchtform: mittelgroße runde, kleinfrüchtige Cocktail-, Cherry- und Wildtomaten, längliche San-Marzanosorten und Fleischtomaten. Einfach zu kultivieren sind die kleinfrüchtigen, da sie nicht unbedingt ausgegeizt werden müssen.
Sorten: 'Harzfeuer' und 'Sportivo' (normal), 'Delicacy' (Cherry), 'Pozzano' (San Marzano).

⑥ Zucchini

Zucchinipflanzen werden sehr groß. Sie eignen sich weder für das Kistenhochbeet noch für ein Quadratbeet, wachsen aber sehr gut z. B. in einer Zinkwanne auf der Terrasse. Sie zählen zu den Starkzehrern und brauchen viel Wasser. Zucchini liefern sichere und hohe Erträge.
Sorten: 'Black Forest' (kletternd), 'Gold Rush' (gelbe Früchte), 'Striato d'Italia' (grüne Früchte).

 Anzahl pro Quadrat 30 × 30 cm 　　 Anzahl pro Kiste 60 × 40 cm 　　 Reihen in der Kiste

Küchenkräuter

① Bohnenkraut

J	F	M	A	M	J	J	A	S	O	N	D

Das einjährige Bohnenkraut hat ein sehr intensives, pfeffrig-scharfes Aroma. Es wächst sehr gut in Mischkultur mit Buschbohnen. Das Bergbohnenkraut ist ein kleiner Strauch, dessen Blätter noch intensiver schmecken. Ernten Sie bei den Pflanzen die Triebspitzen. In Bohnengerichten werden einfach einige Zweige mitgekocht.
Sorten: 'Saturn', 'Aromata' (wächst kompakter).

② Dill

J	F	M	A	M	J	J	A	S	O	N	D

Vom Dill werden hauptsächlich die gefiederten Blätter in Salaten und Suppen verwendet. Für die Topfkultur eignet sich der farnblättrige Dill, der viel Blattmasse produziert und erst spät in Blüte geht. Dilll wird direkt gesät oder in Presstöpfen vorgezogen, die mit gepflanzt werden. Umpflanzen verträgt er nicht gut.
Sorten: 'Vierling' (hochwachsend), 'Bouquet' (kompakter).

③ Melisse

J	F	M	A	M	J	J	A	S	O	N	D

Statt der üblichen Zitronenmelisse kann auch die Weiße Melisse verwendet werden. Sie duftet und schmeckt ebenfalls nach Zitrone. Ihr Aroma bleibt auch bei der Teezubereitung und beim Trocknen erhalten. Nach der Blüte auf 15 cm zurückschneiden. Von der weißen Melisse gibt es keine Sorten. Zitronenmelisse:
Sorten: 'Lemona' (grün), 'Aurea' (gelbe Blätter).

Vorkultur Aussaat/Pflanzung Ernte

④ Minze

J	F	M	A	M	J	J	A	S	O	N	D

Minzen werden in großer Vielfalt angeboten. Allen gemeinsam ist, dass sie zum Wuchern neigen und daher am besten einzeln in einem Gefäß gehalten werden. Minzen lassen sich leicht durch Teilung oder durch Stecklinge vermehren. Minztee aus frischen Blättern schmeckt sehr gut auch kalt. Gut geeignet sind dafür die Spearmint-Pflanze und die Marrokkanische Minze.

⑤ Petersilie

J	F	M	A	M	J	J	A	S	O	N	D

Petersilie ist eines der bekanntesten Würzkräuter in der deutschen Küche. Sie hat eine sehr lange Keimdauer und wird daher am besten auf der Fensterbank vorgezogen. Petersilie ist zweijährig und kann im Folgejahr bis zur Blüte verwendet werden. Es werden glattblättrige und krausblättrige Sorten angeboten.
Sorten: 'Mooskrause' und 'Aphrodite' (kraus), 'Gigante di Napoli' (glatt).

⑥ Schnittlauch

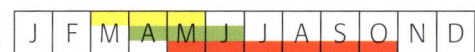

J	F	M	A	M	J	J	A	S	O	N	D

Schnittlauch ist eine ausdauernde Zwiebelpflanze. Sie lässt sich durch Aussaat oder Teilung vermehren. Man erntet die Röhren. Auch die Blüten sind essbar, man zupft sie in Einzelblüten. Blüht die Pflanze, wird sie komplett abgeschnitten und treibt neu.
Sorten: 'Miro' und 'Twiggy' (feinröhrig), 'Polyvit' (grobröhrig).

 Anzahl pro Quadrat 30 × 30 cm ⬚ Anzahl pro Kiste 60 × 40 cm ⬚ Reihen in der Kiste

Mediterrane Kräuter

① Basilikum

J	F	M	A	M	J	J	A	S	O	N	D

Basilikum ist sehr wärmebedürftig. Es wächst buschig und duftet sehr intensiv. Passt sehr gut zu Tomaten, kann reichlich verwendet werden. Basilikum wird jedes Jahr neu ausgesät. Strauchbasilikum ist mehrjährig.
Sorten: 'Genoveser' (große, gewölbte grüne Blätter), 'Rosie' (rotblättrig), 'African blue' (Strauchbasilikum, Stecklingsvermehrung).

② Koriander

J	F	M	A	M	J	J	A	S	O	N	D

In der asiatischen Küche wird oftmals Blattkoriander verwendet. Das Kraut passt gut zu Fisch und Geflügelgerichten.
Die Blätter können bis zur Blütenbildung geerntet werden. Säen Sie Blattkoriander in mehreren Sätzen aus. 'Cilantro' ist eine **Koriandersorte**, die als Blattkoriander angeboten wird. Man kann lange Zeit Blätter ernten, wenn man die Blüten immer wieder ausknipst.

③ Oregano

J	F	M	A	M	J	J	A	S	O	N	D

Oregano, auch Dost genannt, ist mehrjährig. Er wächst breitbuschig und wird im Frühjahr regelmäßig zurückgeschnitten. Oregano ist das Pizzagewürz schlechthin. Geerntet werden die jungen Blätter, auch die Blüten können verwendet werden. Setzen Sie im Frühjahr eine Jungpflanze. Die **Sorte** 'Compactum' bleibt kleiner und ist auch für die Kübelbepflanzung geeignet.

Vorkultur   Aussaat/Pflanzung   Ernte

④ Rosmarin

	J	F	M	A	M	J	J	A	S	O	N	D

Rosmarin ist ein mehrjähriger Halbstrauch mit immergrünen, nadelartigen Blättern und hellblauen Blüten. Er läßt sich gut durch Kopfstecklinge vermehren. Rosmarin ist nur bedingt winterhart. Kübelpflanzen werden daher am besten im Haus überwintert.

Sorten: 'Arp' und 'Veitshöchheim' gelten als relativ winterfest und können draußen bleiben.

⑤ Salbei

	J	F	M	A	M	J	J	A	S	O	N	D

Salbei ist ein mehrjähriger Halbstrauch mit graugrünen, länglichen Blättern und blauen Blüten. Er lässt sich im Sommer leicht durch Stecklinge vermehren. Geerntet werden die Blätter, die kurz vor der Blüte besonders aromatisch sind. Salbei wird im Frühjahr zurückgeschnitten, dann bleibt er kompakt.

Sorten: 'Rosea' (rosa Blüten), 'Creme de la Creme' (weißbuntblättrige Sorte).

⑥ Thymian

	J	F	M	A	M	J	J	A	S	O	N	D

Kleinbleibender, immergrüner Halbstrauch. Geerntet werden junge Triebe und Blättchen, die kurz vor der Blüte am aromatischsten sind. Thymian kann ausgesät oder durch Stecklinge vermehrt werden. Zitronenthymian duftet und schmeckt nach Zitrone.

Sorten: 'Varico 3' ist eine besonders aromatische Sorte aus der Schweiz.

 Anzahl pro Quadrat 30 × 30 cm ⬚ Anzahl pro Kiste 60 × 40 cm ⦀ Reihen in der Kiste

Obst

① Ananaskirsche

J	F	M	A	M	J	J	A	S	O	N	D	○

Die Ananaskirsche wird einjährig kultiviert. Sie liefert sehr leckere Beeren, die reif sind, wenn die Hüllblätter gelb werden. Die Pflanze wird ca. 60 bis 80 cm groß. Die Ananaskirsche wächst im Freiland und im Kübel sehr gut, wenn sie regelmäßig gedungt wird. Ihre Früchte reifen auch in unserem Klima sicher aus.
Sorten: 'Early Yellow', 'Goldmurmel'.

② Erdbeeren

J	F	M	A	M	J	J	A	S	O	N	D

Erdbeeren brauchen viel Sonne und müssen regelmäßig gewässert werden. Erdbeerpflanzen lassen sich ganz einfach vermehren, indem die Pflänzchen an den Ausläufern eingetopft werden. Nach der Wurzelbildung werden die Ausläufer von der Mutterpflanze abgetrennt. Einige Sorten tragen bis in den Herbst hinein.
Sorten: 'Senga Sengana' (trägt im Juni), 'Mara des Bois' und 'Ostara' (tragen im Herbst).

③ Heidelbeeren

J	F	M	A	M	J	J	A	S	O	N	D

Kulturheidelbeeren brauchen einen sauren Boden und werden daher am besten in Rhododendronerde gepflanzt. Im Gegensatz zur wilden Heidelbeere ist ihr Fruchtfleisch weiß und färbt weder Zähne noch Lippen. Heidelbeeren tragen auch ohne Schnitt zuverlässig.
Sorten: 'Bluecrop' (große Früchte), 'Blue Parfait' (eignet sich besonders für Kübel).

■ Vorkultur	■ Aussaat/Pflanzung	■ Ernte

④ Johannisbeeren

J	F	M	A	M	J	J	A	S	O	N	D

Johannisbeersträucher sind besonders als Hochstämmchen für die Kübelbepflanzung geeignet. Schneiden Sie nach der Ernte ein oder zwei alte Triebe heraus, damit neue nachwachsen können. Die Pflanzen werden im Frühjahr umgetopft und nach der Ernte gedüngt.
Sorten: 'Jonkheer van Tets' (frühe Sorte), 'Rovada' (späte Sorte).

⑤ Rhabarber

J	F	M	A	M	J	J	A	S	O	N	D

Rhabarber steht gern im Halbschatten, über seine großen Blätter verdunstet er viel Wasser. Vom Rhabarber werden die Stiele geerntet, indem man sie herausdreht. Ernteschluss ist am 24. Juni, damit die Staude noch Kraft für die nächste Saison sammeln kann und der Gehalt an Oxalsäure geringer ist und damit der Verzehr unbedenklich. Seit kurzem gibt es eine kompakt wachsende Züchtung für den Topf.

⑥ Stachelbeeren

J	F	M	A	M	J	J	A	S	O	N	D

Stachelbeeren sind als Hochstämmchen sehr dekorativ. Sie stehen gern hell, aber nicht in praller Sonne, da die Früchte sonnenbrandgefährdet sind. Schneiden Sie Stachelbeeren nach der Ernte: Nehmen Sie einen alten Trieb heraus. Die übrigen Seitentriebe werden eingekürzt.
Sorten: 'Süße Lea' (grüne Früchte, mehltauresistent), 'Captivator' (rote Früchte, stachellos).

Anzahl pro Quadrat 30 × 30 cm   Anzahl pro Kiste 60 × 40 cm   Reihen in der Kiste

Häufige Krankheiten und Schädlinge

Pflanzen vor Krankheiten und Schädlingen schützen

Es lässt sich kaum vermeiden: Dort wo Pflanzen wachsen, stellen sich früher oder später auch Pflanzenkrankheiten und der eine oder andere Schädling ein. Bleiben Sie gelassen. Einen Anfangsbefall kann man durch Entfernen befallener Blätter stoppen. Bei einem Schädlingsbefall stellen sich oft Nützlinge ein, die den Schaden eindämmen. Damit sich aber z. B. der blattlausfressende Marienkäfer ansiedelt, muss er erst einmal Futter in Form von Blattläusen finden. Dulden Sie also ein paar Blattläuse und greifen Sie nur ein, wenn sie überhand nehmen.

Vorbeugend handeln

Viele Menschen bauen Obst und Gemüse selbst an, um garantiert ungespritzte Früchte ernten zu können. Dieses Ziel kann erreicht werden, denn vor dem Griff zur »chemischen Keule« sind viele andere Maßnahmen möglich.

Sortenwahl

Die Züchtung macht es möglich: Von vielen Obst- und Gemüsearten gibt es Sorten, die gegen die wichtigsten Krankheiten und Schädlinge resistent sind oder zumindest eine gute Widerstandsfähigkeit aufweisen. Auf den Samentüten finden Sie entsprechende Hinweise.

Gute Pflege

Widerstandsfähig sind Pflanzen auch dann, wenn sie kräftig sind und gute Wachstumsbedingungen vorfinden. Sorgen Sie für ausreichend Wasser und Nährstoffe und einen Standort, an dem sich die Pflanzen wohlfühlen. Bei Obst und Gemüse ist das bis auf wenige Ausnahmen ein Platz an der Sonne.

Richtig gießen

Pilze sind die häufigsten Verursacher von Pflanzenkrankheiten. Sie benötigen für ihre Entwicklung viel Feuchtigkeit. Somit sind konsequentes Trockenhalten der Blätter beim Gießen und ausreichende Pflanzabstände wichtige vorbeugende Maßnahmen. Nur der Echte Mehltaupilz verbreitet sich bei trocken-warmer Witterung.

Fruchtfolge und Mischkulturen

Die Fruchtfolge ist die Reihenfolge in der man Kulturen nacheinander anbaut. Vermeiden Sie, dass Pflanzen einer Familie direkt aufeinander folgen. Schadorganismen, die sich im Boden anreichern, können dann auch leicht andere Arten der Familie befallen.

Mit einer sorgfältig abgestimmten Mischkultur vermeiden Sie zudem, dass Arten einer Pflanzenfamilie direkt nebeneinander stehen und sich gegenseitig anstecken können.

Mechanischer Pflanzenschutz

Viele Schädlinge können durch das Auflegen eines Kulturschutznetzes von den Pflanzen abgehalten werden. Durch das feinmaschige Gewebe können viele Schädlinge nicht hindurchdringen und werden von der Eiablage abgehalten. Ein Quadratbeet kann auf diese Weise leicht geschützt werden (siehe S. 49).

Blattläuse siedeln sich gern an den Unterseiten junger Triebe und Blätter und an den zarten Blütenblättern an. Die grünen, roten, gelben oder schwarzen Tiere schädigen durch ihre Saugtätigkeit. Die Blätter kräuseln sich und vergilben. Durch klebrige Honigtauausscheidungen werden Ameisen angelockt.
Blattläuse werden von vielen Nützlingen dezimiert. Sie können mit einem scharfen Wasserstrahl nachhelfen oder bei massivem Befall mit einem nützlingsschonenden Mittel (Neudosan) spritzen.

Schnecken verursachen Fraßschäden an krautigen Pflanzenteilen, besonders bei feuchter und kühler Witterung. Auf den Pflanzen und auf dem Boden sind typische Schleimspuren sichtbar. Nacktschnecken bleiben tagsüber gern in Verstecken, um sich vor Austrocknung zu schützen. Sammeln Sie Schnecken ab und vernichten Sie sie. Schauen Sie auch unter den Kisten und Töpfen nach. Seien Sie besonders aufmerksam, wenn Sie Jungpflanzen gesetzt haben. Diese können in einer Nacht komplett abgefressen werden.

Gemüsefliegen kommen an vielen Pflanzen vor. Sie befallen die Wurzelhälse von Kohlpflanzen, fressen Gänge in Möhren, dringen in Radieschen und Rettiche ein und zerfressen Zwiebeln von innen. Gemüsefliegen sind ein typisches Einsatzgebiet für ein Kulturschutznetz. Es nutzt jedoch nur, wenn Sie es vorbeugend aufgelegt haben. Haben sich die Schädlinge bereits eingestellt, hilft leider nur das konsequente Entfernen befallener Pflanzen, um einer Weiterverbreitung entgegenzuwirken.

Kohlweißlinge sind die hüschen, weißen Schmetterlinge, die gern Pflanzen der Familie der Kreuzblütler umflattern. Dazu gehören auch die verschiedenen Kohlarten. Die Raupen des Großen Kohlweißlings treten in Gruppen auf, hinterlassen Kotkrümel und fressen große Löcher in die Blätter. Schauen Sie beim Kohl öfter auch unter die Blätter. Hier legt der Schmetterling seine gelben Eier in einer Gruppe ab. Wischen Sie diese ab und sammeln Sie bereits geschlüpfte Raupen ab. Vorbeugend hilft ein Kulturschutznetz.

Weiße Fliegen sind kleine Insekten, die vorwiegend unter den Blättern leben. Es gibt eine wärmebedürftige Art, die vorwiegend im Gewächshaus an Tomaten, Gurken und Auberginen zu finden ist und eine heimische Art, die auf Kreuzblütler wie Kohl spezialisiert ist. Bei starkem Befall siedeln sich auf den Honigtauausscheidungen Schwärzepilze an, die das Gemüse ungenießbar machen. Entfernen Sie befallene Blätter. Eventuell kann eine Behandlung mit einem nützlingsschonenden Mittel (Neudosan) sinnvoll sein.

Spinnmilben sind stecknadelkopfgroße Milben, die unter den Blättern z. B. an Gurken und Tomaten zu finden sind. Sie überziehen die Pflanzen bei starkem Befall mit einem feinen Gespinst. Auf der Blattoberseite sind helle Sprenkelungen zu sehen. Die Blattflächen werden braun und vertrocknen. Spinnmilben vermehren sich besonders rasant bei trockener Luft. Entdecken Sie den Befall frühzeitig, entfernen Sie betroffene Blätter. Bei starkem Befall kann mit einem nützlingsschonenden Mittel (Neudosan) gespritzt werden.

Echter Mehltau ist ein mehlartiger, weißer Pilz-rasen, der sich abwischen lässt. Er tritt auf den Blattoberseiten, später auch an Stängeln und Früchten verschiedener Gemüsepflanzen auf. Der Echte Mehltau ist im Gegensatz zu anderen Pilzkrankheiten ein Schönwetterpilz, der sich vor allem an sonnigen Tagen vermehrt. Entfernen Sie befallene Blätter. Vorbeugend können Sie Ihr Obst und Gemüse zur Stärkung mit einer Ackerschachtelhalm-Brühe spritzen. Diese können Sie selbst kochen oder aus einem käuf-lichen Extrakt herstellen.

Grauschimmel ist ein Pilz, von dem besonders geschwächte Pflanzen betroffen sind. Er befällt viele verschiedene Arten an Blättern, Trieben und Früchten. Charakteristisch ist ein typischer, mausgrauer Schimmelrasen. Bei feucht-warmer Witterung verbreitet er sich rasant schnell. Darum sind befallene Pflanzenteile schnell zu entfernen. Schaffen Sie gute Wachstumsbe-dingungen für Ihre Pflanzen und halten Sie oberirdische Pflanzenteile trocken. Vorbeugend kann ein Ackerschachtelhalm-Präparat einge-setzt werden.

Kraut- und Braunfäule ist eine gefürchtete Pilzkrankheit an Kartoffeln und Tomaten. Die Blätter färben sich von der Spitze und vom Rand aus graubraun. An den Tomatentrieben entstehen abgegrenzte Flecken. Die Früchte bekommen runzlige, braune Flecken, die tief ins Fleisch gehen. Die Früchte werden schnell ungenießbar. Die Pilzsporen überdauern im Boden, sodass die unteren Blätter zuerst durch Wasserspritzer infiziert werden. Stellen Sie Tomaten möglichst unter ein Dach, damit die Blätter nicht feucht werden.

Gemüse, Kräuter und Obst im Überblick

Gemüse	gute Partner	schlechte Partner	
Asia-Salat	Kopf- und Pflücksalat, Erbsen, Buschbohnen	Kohl, Rettich, Radieschen	
Brokkoli	Erbsen, Bohnen, Kopf- und Pflücksalat, Mangold, Spinat	Erdbeeren, Zwiebeln	
Buschbohnen	Bohnenkraut, Kohl, Salat, Erdbeeren, Rote Bete	Erbsen, Fenchel, Zwiebeln, Porree	
Endivien	Kohl, Fenchel, Lauch		
Erbsen	Fenchel, Kohl, Möhren, Kopf- und Pflücksalat, Radieschen	Bohnen, Porree, Zwiebeln	
Feldsalat	Radieschen, Erdbeeren, Fenchel		
Fenchel	Endivien, Erbsen, Feldsalat, Kopf- und Pflücksalat	Dill, Bohnen, Tomaten	
Grünkohl	Erbsen, Bohnen, Kopf- und Pflücksalat, Mangold, Spinat	Erdbeeren, Zwiebeln	
Gurken	Dill, Bohnen, Erbsen, Kopf- und Pflücksalat, Rote Bete	Radieschen, Tomaten	
Kartoffeln	Kohl, Spinat	Tomaten, Sellerie	
Kohlrabi	Erbsen, Bohnen, Kopf- und Pflücksalat, Mangold, Spinat	Zwiebeln, Kartoffeln	
Kopfsalat	Bohnen, Dill, Erbsen, Kohl, Möhren, Tomaten, Zwiebeln	Petersilie, Sellerie	
Mangold	Bohnen, Kohl, Möhren, Radieschen	Spinat, Rote Bete	
Möhren	Dill, Erbsen, Lauch, Radieschen, Tomaten, Zwiebeln		
Paprika		Kartoffeln, Tomaten	
Pflücksalat	Asia-Salat, Kohl, Erbsen, Bohnen, Fenchel	Sellerie	
Porree	Möhren, Endivien, Kohl, Kopf- und Pflücksalat, Sellerie	Bohnen, Erbsen, Rote Bete	
Radieschen	Bohnen, Erbsen, Kohl, Mangold, Möhren, Spinat	Gurken	
Rettich	Bohnen, Erbsen, Kohl, Mangold, Möhren, Spinat	Gurken	
Romanasalat	Asia-Salat, Kohl, Erbsen, Bohnen, Fenchel	Sellerie	
Rosenkohl	Erbsen, Bohnen, Kopf- und Pflücksalat, Mangold, Spinat	Erdbeeren, Zwiebeln	
Rote Bete	Bohnen, Dill, Gurken, Kohl, Kopf- und Pflücksalat, Zwiebeln	Kartoffeln, Mangold, Spinat	
Rucola	Kopf- und Pflücksalat, Erbsen, Buschbohnen		
Salanovasalat	Asia-Salat, Kohl, Erbsen, Bohnen, Fenchel	Petersilie	
Spinat	Kohl, Radieschen, Rettich, Sellerie	Mangold, Rote Bete	

Pflanzenfamilie	Nährstoffbedarf	Verweildauer im Beet oder Gefäß
Kreuzblütler	Mittelzehrer	6–8 Wochen
Kreuzblütler	Starkzehrer	3–4 Monate
Hülsenfrüchtler	Schwachzehrer	3 Monate
Korbblütler	Mittelzehrer	10–12 Wochen
Hülsenfrüchtler	Schwachzehrer	3 Monate
Baldriangewächse	Mittelzehrer	8–10 Wochen
Doldengewächse	Mittelzehrer	4 Monate
Kreuzblütler	Starkzehrer	5–6 Monate
Kürbisgewächse	Starkzehrer	3–4 Monate
Nachtschattengewächse	Starkzehrer	100–130 Tage
Kreuzblütler	Mittelzehrer	2 Monate
Korbblütler	Schwachzehrer	6–8 Wochen
Gänsefußgewächse	Mittelzehrer	Mitte Mai bis zum Frost
Doldengewächse	Mittelzehrer	3–5 Monate
Nachtschattengewächse	Starkzehrer	5 Monate
Korbblütler	Schwachzehrer	6–8 Wochen
Zwiebelgewächse	Starkzehrer	3–6 Monate
Kreuzblütler	Mittelzehrer	5–6 Wochen
Kreuzblütler	Mittelzehrer	3–4 Monate
Korbblütler	Schwachzehrer	6–8 Wochen
Kreuzblütler	Starkzehrer	5–6 Monate
Gänsefußgewächse	Mittelzehrer	4–5 Monate
Kreuzblütler	Schwachzehrer	6–8 Wochen
Korbblütler	Schwachzehrer	6–8 Wochen
Gänsefußgewächse	Mittelzehrer	6–8 Wochen

Gemüse, Kräuter und Obst im Überblick

Gemüse	gute Partner	schlechte Partner
Stangensellerie	Porree	Kartoffeln, Kopf- und Pflücksalat
Tomaten	Fenchel, Petersilie, Sellerie, Basilikum	Kartoffeln, Paprika, Rote Bete
Winterportulak	Feldsalat, Rucola, Spinat	
Zucchini	Bohnen, Erbsen, Mangold, Zwiebeln	
Zwiebeln	Kopf- und Pflücksalat, Möhren	
Kräuter		
Basilikum	Fenchel, Gurken, Kohlrabi, Kopf- und Pflücksalat, Tomaten	
Bohnenkraut	Bohnen, Kopf- und Pflücksalat, Rote Bete	
Dill	Möhren, Zwiebeln	
Koriander	Schnittlauch, Kohl	
Melisse	Obstgehölze	
Minze	Kopf- und Pflücksalat, Kohl	
Oregano		Kohl
Petersilie	Gurken, Porree, Tomaten, Schnittlauch, Zwiebeln	
Rosmarin	Salbei, Thymian	
Salbei	Fenchel, Möhren, Rosmarin	
Schnittlauch	Erdbeeren, Koriander, Möhren, Petersilie	
Thymian		
Obst		
Ananaskirsche		
Erdbeeren	Bohnen, Kopf- und Pflücksalat, Porree, Radieschen, Spinat	Kohl
Heidelbeeren		
Himbeeren		
Johannisbeeren		
Rhabarber		
Stachelbeeren		

Pflanzenfamilie	Nährstoffbedarf	Verweildauer im Beet oder Gefäß
Doldengewächse	Starkzehrer	4–5 Monate
Nachtschattengewächse	Starkzehrer	4 Monate
Portulakgewächse	Schwachzehrer	10–12 Wochen
Kürbisgewächse	Starkzehrer	4 Monate
Zwiebelgewächse	Mittelzehrer	4–5 Monate
Lippenblütler	Mittelzehrer	Mitte Mai bis zum Frost
Lippenblütler	Schwachzehrer	Mitte Mai bis zum Frost
Doldengewächse	Mittelzehrer	6–8 Wochen
Doldengewächse	Schwachzehrer	8–10 Wochen
Lippenblütler	Mittelzehrer	mehrjährig
Lippenblütler	Mittelzehrer	mehrjährig
Lippenblütler	Schwachzehrer	mehrjährig
Doldengewächse	Mittelzehrer	2-jährig
Lippenblütler	Schwachzehrer	mehrjährig
Lippenblütler	Schwachzehrer	mehrjährig
Zwiebelgewächse	Mittelzehrer	mehrjährig
Lippenblütler	Schwachzehrer	mehrjährig
Nachtschattengewächse	Mittelzehrer	Mitte Mai bis zum Frost
Rosengewächse	Mittelzehrer	3 Jahre
Heidekrautgewächse	Schwachzehrer	mehrjährig
Rosengewächse	Schwachzehrer	mehrjährig
Stachelbeergewächse	Schwachzehrer	mehrjährig
Knöterichgewächse	Starkzehrer	mehrjährig
Stachelbeergewächse	Schwachzehrer	mehrjährig

Adressen, die Ihnen weiterhelfen

Gartenwissen

Hortipendium
Das grüne Lexikon
Wiki für die grünen Berufe und
Freizeitgartenbau
www.hortipendium.de

aid Infodienst
Ernährung, Landwirtschaft,
Verbraucherschutz e. V.
Heilsbachstraße 16
53123 Bonn
Tel.: 0228/8499-0
aid@aid.de
www.aid.de

meine ernte
Ganders & Kirchbaumer GbR
Wörthstraße 54
53177 Bonn
Tel.: 0228/28617119
info@meine-ernte.de
www.meine-ernte.de

Gartenakademien

Gartenakademie
Baden-Württemberg
Diebsweg 2
69123 Heidelberg
Tel.: 06221/7484810
gartenakademie@lvg.bwl.de
www.gartenakademie.info

Gartenakademie Bayern
An der Steige 15
97209 Veitshöchheim
Tel.: 0931/9801-0
bay.gartenakademie@lwg.bay-
ern.de
www.lwg.bayern.de/
gartenakademie

Gartenakademie Hessen
Brentanostraße 9
65366 Geisenheim
Tel.: 06722/502851
hessische.gartenakade
mie.gs@llh-hessen.de
www.llh-hessen.de/hessische-
gartenakademie.html

Gartenakademie
Niedersachsen
Hogen Kamp 51
26160 Bad Zwischenahn
Tel.: 04403/979654
gartenakademie@lwk-nieder-
sachsen.de
www.lwk-niedersachsen.de

Gartenakademie
Rheinland-Pfalz
Breitenweg 71
67435 Neustadt
Tel.: 06321/671262
gartenakademie@dlr.rlp.de
www.gartenakademie.rlp.de

Gartenakademie Saarland
Dillinger Straße 67
66822 Lebach
Tel.: 06881/928-0
karen.falch@lwk-saarland.de
www.lwk-saarland.de

Gartenakademie Sachsen
Söbrigener Straße 3a
01326 Dresden-Pillnitz
Tel.: 0351/26128081
gartenakademie@smul.sach-
sen.de
www.landwirtschaft.sachsen.de

Gartenakademie Thüringen
Hinter der Mühle 19
99095 Erfurt
Tel.: 036204/50011
info@gartenakademie-thuerin-
gen.de
www.gartenakademie-
thueringen.de

Gartenbedarf
und Saatgut

Gartenbedarf-Versand
Richard Ward
Ottobeurer Straße 46 A
87733 Markt Rettenbach
Tel.: 08392/1646
infos@gartenbedarf-versand.de
www.gartenbedarf-versand.de

Gärtner Pötschke
Beuthener Straße 4
41564 Kaarst
Tel.: 01805/861100
info@poetschke.de
www.poetschke.de

Biogartenversand
Hof Jeebel
Jeebel 17
29410 Salzwedel
info@biogartenversand.de
www.biogartenversand.de

plantu
Rotherstraße 18
10245 Berlin
hey@plantu.de
www.plantu.de

Bingenheimer Saatgut AG
Kronstraße 24
61209 Echzell
Tel.: 06035/1899-0
info@bingenheimersaatgut.de
www.bingenheimersaatgut.de

Bruno Nebelung GmbH
Freckenhorster Straße 32
48351 Everswinkel
Tel.: 02582/6700
info@nebelung.de
www.nebelung.de

Sperli GmbH
Freckenhorster Straße 32
48351 Everswinkel
Tel.: 02582/670-900
info@sperli.de
www.sperli.de

N.L. Chrestensen
Erfurter Samen- und
Pflanzenzucht GmbH
Witterdaer Weg 6
99092 Erfurt
Tel.: 0361/2245-0
info@chrestensen.com
www.chrestensen.de

Rühlemann's
Kräuter und Duftpflanzen
Auf dem Berg 2
27367 Horstedt
Tel.: 04288/928558
info@kraeuter-und-
duftpflanzen.de
www.kraeuter-und-duftpflanzen.
de

Juwel H. Wüster GmbH
Industriezone 19
A-6460 Imst
Tel.: 05412/69400
shop@juwel.com
www.juwel.com

Hawlik Gesundheitspro-
dukte GmbH
Willy Hawlik und Benjamin
Hawlik

Gewerbestr. 8
82064 Straßlach
Tel.: 08170/9959-0
info@pilzshop.de
www.pilzshop.de

Bäckerkisten

Ab-in-die-Box
Am Schwimmbad 1
34477 Twistetal-Twiste
Tel.: 05695/9910038
info@ab-in-die-box.de
www.ab-in-die-box.de

Auer Packaging
Am Kroit 25–27
83123 Amerang
Tel.: 08075/913330
info@auer-packaging.de
www.auer-packaging.de

Zusatzbeleuchtung für Pflanzen

Grow-shop 24
Filiale Regensburg
Alte Straubinger Straße 31
93055 Regensburg
Tel.: 0941/63076698
info@grow-shop24.de
www.grow-shop24.de

Stichwortverzeichnis

Bildnachweis

Alle Bilder stammen von
Dorothea Baumjohann

Grafiken: Astrid Wilkesmann

Über die Autorin

Dorothea Baumjohann absolvierte zunächst eine Ausbildung als Gärtnerin im Bereich Blumen- und Zierpflanzen. Nach mehreren Praxisjahren in verschiedenen Gärtnereien und im Botanischen Garten Osnabrück studierte sie Gartenbau an der Fachhochschule Osnabrück, mit dem Abschluss Diplom Ingenieurin. 1998 gründete sie »Die grüne Kamera« eine Bildagentur für Gartenfotos mit den Schwerpunktthemen Pflanzenschutz und Gartenpraxis. Die Bilder werden in verschiedenen nationalen und internationalen Gartenzeitschriften veröffentlicht.
Im Frühjahr 2016 hat sie eine zweijährige Fortbildung zur Gartentherapeutin abgeschlossen.

Impressum

Bibliografische Information der Deutschen Nationalbibliothek

Die Deutsche Nationalbibliothek verzeichnet diese Publikation in der Deutschen Nationalbibliografie; detaillierte bibliografische Daten sind im Internet über http://dnb.d-nb.de abrufbar.

 BLV Buchverlag GmbH & Co. KG

80636 München

© 2017 BLV Buchverlag GmbH & Co. KG, München

Umschlagkonzeption und -gestaltung: BLV Verlag, München

Umschlagfotos: Dorothea Baumjohann

Lektorat: Rita Meixner
Herstellung: Hermann Maxant
Satz: Anton Walter, Gundelfingen

Gedruckt auf chlorfrei gebleichtem Papier

Printed in Germany

ISBN 978-3-8354-1599-7

Hinweis

 www.facebook.com/blvVerlag

BLV im WEB

In unserem Webshop warten weit über 500 lieferbare Titel zu den Themen Garten, Natur, Sport, Fitness, Kreativ und Kochen auf Sie.

Surfen Sie doch mal vorbei, bestellen Sie **versandkostenfrei** und zahlen Sie bequem z.B. **auf Rechnung** oder schnell via **Paypal**.

Versandkostenfrei bestellen: www.blv.de